W0234241

Svenja Flaßpöhler
Florian Werner

Zur Welt
kommen

Svenja Flaßpöhler
Florian Werner

Zur
Welt
kommen

Elternschaft als
philosophisches
Abenteuer

BLESSING

Verlagsgruppe Random House FSC® N001967

1. Auflage, 2019
Copyright © 2019 by Karl Blessing Verlag
in der Verlagsgruppe Random House GmbH,
Neumarkter Straße 28, 81673 München
Umschlaggestaltung: Bauer + Möhring, Berlin
Satz: Leingärtner, Nabburg
Druck und Einband: Pustet, Regensburg
Printed in Germany
ISBN: 978-3-89667-562-0

www.blessing-verlag.de

Für Ada und Samuel

INHALT

Der Sohn

ELTERN WERDEN

Die Entscheidung, ein Kind in die Welt zu setzen, rührt an den Grundfesten unserer modernen Existenz. Wie lässt sich noch unabhängig leben, wie sich beruflich verwirklichen, wenn man die Verantwortung für einen kleinen Menschen trägt, der bis in die Haarspitzen angewiesen ist auf elterliche Fürsorge und Zuwendung? Wie eine leidenschaftliche Beziehung führen, wenn plötzlich ein Dritter den Körper der Frau beansprucht, ja zeitweise sogar in ihm wohnt? Wie ist ein gleichberechtigtes Geschlechterverhältnis möglich, wenn Schwangerschaft und Geburt uns doch die grundlegenden biologischen Unterschiede zwischen Frau und Mann schonungslos vor Augen führen?

Über Fragen wie diese denken wir in diesem Buch gemeinsam nach: als Paar, als Liebende und Streitende, als Eltern zweier Kinder. Wir kennen einander seit fünfzehn Jahren, vor zehn Jahren kam unsere Tochter zur Welt, vor drei Jahren unser Sohn. Eine Philosophin und ein Literaturwissenschaftler: Natürlich haben wir am Frühstückstisch nicht nur Fragen der richtigen Erziehung und Ernährung erörtert (und zwischendurch

Lätzchen gewechselt, bekleckerte Gesichter sauber gemacht und Bananenbrei vom Boden gewischt), sondern auch über die philosophischen Dimensionen der Elternschaft diskutiert: Bereichert ein Kind die Liebe, oder ersetzt es sie eher? Wie verändert das Elternsein die Wahrnehmung der Zeit? Wie lässt sich die mütterliche Dominanz im familiären Gefüge ausgleichen? Warum fühlt man sich als Vater beim Babyschwimmen so eigentümlich geschlechtslos? Irgendwann fingen wir an, unsere Gedanken aufzuschreiben. Die Kinder wurden größer, die Berge mit Notizen auch: So entstand dieses Buch.

Die Einträge, die darin versammelt sind, reichen von A wie Anfangen über M wie Mutterliebe bis Z wie Zeit. Angeordnet sind sie chronologisch: Der (nicht selbstverständliche) Wunsch, ein Kind zu bekommen, steht am Beginn – die (schwierige) Entscheidung, kein weiteres mehr zu zeugen, am Ende. Die Begriffe, mit denen die Kapitel überschrieben sind, haben oft erst auf den zweiten Blick mit Schwangerschaft, Geburt und Elternsein zu tun. Wir wollten keinen Ratgeber schreiben, nicht das Stillen, Wickeln und Füttern erklären oder gar optimieren, sondern jene existenzielle Dimension ausleuchten, die bereits in dem einfachen Satz steckt: Ein Mensch kommt zur Welt. Was genau heißt das?

Diese Frage so zu stellen bedeutet, in der Geburt weit mehr zu sehen als einen rein biologischen Akt.

Wer ein Kind dabei begleitet, wie es eine rätselhafte Welt entdeckt, dem wird die Welt selbst wieder ein Stück weit fremd. So merkwürdig ein Küchenstuhl aus der Perspektive eines krabbelnden Babys erscheinen muss, so grotesk erscheint den frischgebackenen Eltern bisweilen der zuvor als »normal« empfundene Alltag. Elternwerden heißt nicht nur, die Verantwortung für ein Menschlein zu übernehmen, es zu lieben und zu umsorgen. Im Elternwerden liegt vielmehr auch die Chance, das eigene Leben noch einmal anders zu begreifen. Auch Erwachsene werden, indem sie Kinder bekommen, neu geboren.

Die Philosophin Hannah Arendt hat diese Perspektive für uns eröffnet. Anders als für ihren Lehrer und Geliebten Martin Heidegger, der das Leben vom Ende, vom Tode her begriff, bedeutete Existieren für Arendt wesentlich: Anfangen. Wir alle, so die Philosophin, sind einst neu auf dieser Welt gewesen: Daher tragen wir die Fähigkeit zum Neubeginn tief in uns. »Der Neubeginn, der mit jeder Geburt in die Welt kommt«, schreibt sie, »kann sich in der Welt nur darum zur Geltung bringen, weil dem Neuankömmling die Fähigkeit zukommt, selbst einen neuen Anfang zu machen; d.h. zu handeln.« Der Mensch ist ein Handelnder: Nur er besitzt die Möglichkeit, sich etwas vorzunehmen, Dinge anders zu machen, alte Gewohnheiten und Gewissheiten abzulegen. Er kann sich ins Ungewisse wagen.

Ein Paar, das sich für ein Kind entscheidet, tut genau dies: Es wagt das radikal Neue – körperlich, intellektuell, sozial, politisch. Für uns etwa ging die Familiengründung mit einer entschieden nicht-traditionellen Verteilung der Geschlechterrollen einher: Die berufliche Festanstellung hat bei uns die Frau; wenn die Kinder krank sind, bleibt im Zweifelsfall der Mann zu Hause. Dennoch, so unsere Erfahrung, sind die Rollen von Mutter und Vater nur begrenzt austauschbar, die jeweiligen Erfahrungen sehr spezifisch. Die Kapitel dieses Buches erzählen persönliche Geschichten, geben Gedanken, Phantasien, Wahrnehmungen und Hoffnungen wieder, die sich für Mutter und Vater jeweils ganz anders darstellen. Sie sind entsprechend, je nachdem wer von uns beiden sie verfasst hat, mit den Symbolen ♀ und ♂ gekennzeichnet. Gerade die Tatsache, dass wir keine geschlechtslosen Eltern-Teile, sondern zwei Menschen mit verschiedenen, für die Reproduktion in unterschiedlicher Hinsicht bedeutsamen Körpern sind, macht das Elternsein so spannend, so schön – und so kompliziert.

Dass wir dabei nicht immer einer Meinung sind, oft auch gegensätzliche Standpunkte vertreten, liegt auf der Hand. Wir unterbrechen uns daher im Lauf dieses Buches immer wieder, fallen uns ins Wort, widersprechen einander, weisen uns auf blinde Flecken oder vermeintliche Fehler hin – und bringen im besten Fall beim anderen neue Gedanken und Einsichten hervor. Der Philosoph Platon bezeichnete die Technik seines Lehrmeisters Sokrates einmal als *maieutike techne*, als »Hebammenkunst«: Erst im Zusammenspiel zweier vertrauter Menschen, so die zugrunde liegende Idee, können neue Menschen beziehungsweise Gedanken zur Welt kommen. Wir hoffen, mit diesem Buch ein paar Gedanken und Einsichten hervorgebracht zu haben, die auf eigenen Füßen stehen können und die nicht nur ihren Erzeugern Freude machen.

Die Tochter

♀ ANFANGEN

F. und ich in jung, wir sitzen in unserer Küche. Während des (ungestörten, zweisamen) Frühstücks, das wir wie immer Zeitung lesend verbringen, fallen vier oder fünf Sätze, deren Bedeutsamkeit wir zu diesem Zeitpunkt noch nicht erfassen können. Sätze, die Gesprächsfäden der letzten Monate wieder aufnehmen und an deren Wortlaut ich mich nur noch vage erinnere. Sätze, die zur Folge haben, dass ich ins Bad gehe und, nach kurzem Innehalten, eine Packung mit kleinen rosafarbenen Pillen im Mülleimer versenke.

Bereits jetzt, in diesem Augenblick, passiert es. Während ich die Tabletten entsorge und F. in der Küche die Teetassen spült, tritt eine Wandlung ein, die unumkehrbar ist. Ab jetzt sind wir nicht mehr das Paar, das wir vor ein paar Minuten noch waren. Wir sind ein Paar, das sich ein Kind wünscht, sich nach einem Dritten sehnt. Dieses Dritte, wir kennen es nicht. Wir können es uns noch nicht einmal vorstellen. Können nicht vorwegnehmen, wie es sein, wie es uns verändern wird.

Wird es meine Augen haben? Was für Haare? Was für Füße? Wie fühlt es sich an, ein Wesen in den Armen zu halten, das mit jeder Faser seines kleinen Leibes von mir abhängig ist? Werde ich es mehr lieben als F.? Wird F. das Kind mehr lieben als mich?

Der Philosoph Emmanuel Lévinas hat sich der Metamorphose, die ein Paar durchläuft, das sich ein Kind wünscht, eingehend gewidmet. Auch für Lévinas war klar: Der Wunsch nach einem Kind ist zwar konkret. Doch wie es sein mag, wenn dieser Wunsch wahr wird, ist vollkommen unvorhersehbar. In seinem Werk *Totalität und Unendlichkeit* spricht der Philosoph von einer »absoluten Zukunft«, einer Zukunft, die nicht willentlich durch Vermögen oder Können gesteuert, gar vorweggenommen werden kann: »Die Beziehung zu einer solchen Zukunft, die nicht auf die Macht über Mögliches zurückgeführt werden kann, nennen wir Fruchtbarkeit.« Die »Fruchtbarkeit« ist kein Gegenstand gezielter Gestaltungskraft, sondern besitzt ihre ganz eigene Logik. Sie entfaltet sich durch und durch eigenwillig.

Sicher, wir leben heute in einer anderen Zeit als Lévinas. Der Philosoph verfasste seine Schrift Anfang der 1960er-Jahre, als die Pränataldiagnostik gerade erst im Entstehen war (die erste sonografische Darstellung eines ungeborenen Kindes stammt aus dem Jahr 1958). Im 21. Jahrhundert vermögen Mediziner sehr wohl vorauszusehen, ob ein Kind gesund zur Welt kommen wird oder nicht, ob es ein Junge oder ein

Mädchen oder ein Intersex ist, wie lang sein Körper ist, wie groß der Umfang des Kopfes, wie dick seine Nackenfalte. Doch unterhalb dieses Wissens – oder sagen wir besser: der statistischen Erhebungen – existiert eine prinzipielle Unverfügbarkeit, die auch die ausgefeilteste technische Methode nicht aufzuheben vermag. Niemand garantiert uns ein gesundes Kind. Niemand befreit uns von der Frage, was wir tun, wenn es »Auffälligkeiten« gibt. Niemand kann uns sagen, ob das Baby, das wir zeugen werden, unser Leben bereichern wird – oder uns überfordert, gar unsere Liebe tötet.

Die Fruchtbarkeit, die Lévinas fast liebevoll beschreibt, ist das Gegenteil von Planbarkeit, von Optimierung, Effizienz und Autonomie. Kurzum: Sie widerspricht den innersten Funktionsgesetzen und den höchsten Werten der Moderne. Die Fruchtbarkeit ist eine Herausforderung, eine Provokation im buchstäblichen Sinne: Du glaubst, du bist selbstbestimmt, hast dein Leben im Griff, kannst verfügen über deine und eure Zukunft? Du denkst, ein Kind fügt deinem Leben nur etwas hinzu, aber es nimmt dir nichts? Du meinst, es festigt dich in deiner Identität, stellt dich stabil in die Welt, tröstet dich hinweg über deine Sterblichkeit, weil du ja in ihm, deinem Kind, weiterlebst? Was für grandiose Irrtümer! Dein Kind wird nicht so sein wie du. Es geht nicht aus dir allein hervor, sondern aus der

Verbindung zu einem Anderen, zu deinem Mann (der übrigens, nebenbei bemerkt, zu diesem Zeitpunkt noch gar nicht dein Mann ist, sondern dein Freund).

»Der Eros«, schreibt Lévinas, »setzt der Rückkehr des Ich zu sich ein Ende.« Das Kind, das dem Eros entspringt (wenn alles klappt wohlgemerkt, auch die Zeugung ist nicht verfügbar), ist das Zeugnis dieses Endes. Schluss mit dem Ich, so wie du es kanntest! Das Anfangen ist folglich auch ein Aufhören. Ein Paar, das aufbricht in die Zukunft der Fruchtbarkeit, lässt etwas hinter sich. Was es war, wird es nie wieder sein.

♀ SOWOHL-ALS-AUCH

Ein verhangener Februarnachmittag in Berlin. Ich sitze auf dem Sofa, vor mir eine Kanne Tee und ein Stück Apfelkuchen mit Sahne, an meinem kugelrunden Bauch lehnt Nietzsches *Genealogie der Moral*. Ich bin im achten Monat schwanger, bald wird unsere Tochter geboren, doch noch ist Zeit, mich in diesen Wochen des Mutterschutzes in philosophische Werke zu vertiefen, für deren genaue Lektüre mir im beruflichen Alltag leider oft die Ruhe fehlt.

Nun also Friedrich Nietzsche, der in der dritten Abhandlung seiner berühmten Schrift den Wert asketischer Ideale beleuchtet. »Askese« leitet sich vom griechischen Wort *askein* ab und bedeutet wörtlich übersetzt: »üben«. Gemeint ist mit diesem Begriff eine streng enthaltsame Lebensweise, eine Selbstüberwindung im Dienste von etwas Höherem. Wie sollte der Mensch seine ihm eigene Kraft entfalten und zum »Optimum« seiner Fähigkeiten streben können, wenn er nicht Verlockungen und Ablenkungen, worin auch immer diese bestehen mögen, entsagte und sich aufs Wesentliche beschränkte? Keine Konzentration ohne

Abstinenz, keine Selbstüberwindung ohne Qual, keine Leistungssteigerung ohne unermüdliches Training.

Diese Notwendigkeit einer asketischen Lebensform nun gilt Nietzsche zufolge besonders für eine ganz bestimmte Berufsgruppe, der auch ich angehöre. Er schreibt: »Welcher grosse Philosoph war bisher verheiratet? Heraklit, Plato, Descartes, Spinoza, Leibniz, Kant, Schopenhauer – sie waren es nicht; mehr noch, man kann sie nicht einmal denken als verheirathet. Ein verheiratheter Philosoph gehört in die Komödie, das ist mein Satz.« Wer sich mit Fug und Recht Philosoph nennen will, wählt also ein Leben in Einsamkeit, heiratet nicht und hat auf keinen Fall Kinder, um sich ganz und gar dem Denken widmen zu können: Davon ist der geistige Schöpfer des Eremiten Zarathustra felsenfest überzeugt.

Zwar sei, so gibt Nietzsche zu, Sokrates durchaus verheiratet gewesen, mit Xanthippe, wie man weiß – doch in der zickigen Gattin habe sich das Komödienhafte dieses Lebensentwurfs nur umso eindrücklicher bestätigt. Nein, ein wahrhafter Denker muss allein bleiben, muss allein bleiben wollen.

Der Philosoph – Nietzsche spricht naturgemäß nur von Männern, eine philosophierende Frau ist für ihn ein noch größerer Witz als ein Denker mit Ehering –, der Philosoph also wendet sich entschlossen »höchster und kühnster Geistigkeit« zu, eine Zuwendung, durch die er »das Dasein« keineswegs verneint, sondern »sein Dasein« als Denker fundamental bejaht. So heißt es unmissverständlich: »Was endlich die ›Keuschheit‹ der Philosophen anbelangt, so hat diese Art Geist ihre Fruchtbarkeit ersichtlich wo anders als in Kindern (…). Darin ist Nichts von Keuschheit aus irgend einem asketischen Skrupel und Sinnenhass, so wenig es Keuschheit ist, wenn ein Athlet oder Jockey sich der Weiber enthält: so will es vielmehr, zum Mindesten für die Zeiten der grossen Schwangerschaft, ihr dominirender Instinkt. Jeder Artist weiss, wie schädlich in Zuständen grosser geistiger Spannung und Vorbereitung der Beischlaf wirkt; für die mächtigsten und instinktsichersten unter ihnen gehört dazu nicht erst die Erfahrung, die schlimme Erfahrung, – sondern eben ihr ›mütterlicher‹ Instinkt ist es, der hier zum Vortheil des werdenden Werkes rücksichtslos über alle sonstigen Vorräthe und Zuschüsse von Kraft, von vigor des animalischen Lebens verfügt: die grössere Kraft *verbraucht* dann die kleinere.«

♂ *Einwurf von der Seitenlinie: Vermutlich ist diese nietzscheanische Erkenntnis dafür verantwortlich, dass etliche Fußballnationaltrainer ihre Spieler während wichtiger Turniere zu Enthaltsamkeit verdonnern. (Der brasilianische Fußballer Ronaldo hingegen empfahl bekanntlich »Passiv-Sex« zwei Stunden vor dem Spiel.)*

Starker Tobak. Da sitze ich nun also hochschwanger auf dem Sofa und frage mich: Wie umgehen mit dieser radikalen Ablehnung jener Existenzweise, die ich für mich gewählt habe? Denken und Heiraten, Schöpfen und Kinderhaben, Philosophieren und Koitieren: Schließt sich das wirklich aus?

Natürlich liegt nahe, Nietzsches Ausführungen einfach als lachhaften Gebärneid abzutun, ja, sie in Bausch und Bogen als überholt und auf krankhafte Weise selbstbezogen zu verurteilen – handelt es sich doch um die Sätze eines Egomanen und bekennenden Frauenfeinds, der in seiner eigenen Askese schlechterdings verrückt wurde. Doch das wäre zu einfach. Immerhin stimmt es, wie ich aus eigener Erfahrung weiß, dass Denken und vor allem Schreiben ein hohes Maß an Enthaltsamkeit erfordert. Wenn ich am Schreibtisch sitze, will ich niemanden sehen, geschweige denn anfassen, und um diesen Rückzugsraum zu schaffen, bedarf es einer großen Portion Egozentrik, gar Aggression.

Unter anderem deshalb habe ich mich keineswegs schon immer als Mutter gesehen. Lange Zeit war ich überzeugt, nie heiraten, nie Kinder haben zu wollen (→ Reue), um mich selbstbestimmt auf meine – und nur meine – Ziele konzentrieren zu können. Und wer weiß: Wäre ich F. nicht begegnet, vielleicht hätte ich mich tatsächlich jenen asketischen Idealen verschrieben, die Nietzsche hochhält (→ Verantwortung, → Freiheit).

Und doch, denke ich, während ich mir ein letztes Stück Kuchen auf die Gabel schiebe: Ich will mich nicht zwischen der einen und der anderen Art von Fruchtbarkeit entscheiden. Ich möchte nicht wählen zwischen geistiger und körperlicher Fortpflanzung. Hat nicht Nietzsche selbst eine fundamentale Bejahung der Existenz gefordert? War es nicht er, der die Sinnen- und Lustfeindlichkeit verachtete, ja, als »Sklavenmoral« verdammte? Was ich will, ist kein Entweder-oder, sondern ein Sowohl-als-auch. Ehrgeiziger, asketischer formuliert: Ich will schaffen, woran Nietzsche scheiterte.

♂   HEBAMMENKUNST

Im Kreißsaal, bei der Geburt unseres ersten Kindes, beschlichen mich erstmals Zweifel an Sokrates. Beziehungsweise an der sokratischen Methode des Philosophierens, so wie Platon sie in seinen Dialogen beschreibt. Es gab natürlich auch andere und weitaus wichtigere Dinge, die mich in den Stunden, bis unsere Tochter den Weg ans Licht der Welt gefunden hatte, beschäftigten: ob alles gut gehen würde. Wie lange die Geburt noch dauern sollte. Und warum S. mir jedes Mal, wenn ein Wehenschub kam, so heftig gegen Arme und Oberkörper boxen musste (→ Mitleid). Aber zwischendurch blitzte dieser Gedanke auf: Der weise Sokrates hatte keine Ahnung.

Der Philosoph war nämlich, wie er im Dialog *Theätet* verrät, der Sohn einer »sehr wackeren und ehrwürdigen Hebamme« namens Phänarete, von der er auch die Kunst des dialogischen Philosophierens erlernt haben will. Zumindest vergleicht er seine eigene philosophische Methode – einem anderen Menschen Wissen zu entlocken, das dieser bereits in sich trägt, ohne es allerdings eigenständig formulieren zu können – mit der

Tätigkeit einer Hebamme. Der Befragte geht dieser Analogie zufolge mit einem Gedanken schwanger – der Philosoph leistet lediglich Geburtshilfe. Die Gedanken sind in embryonaler Form bereits vorhanden, sie müssen nur noch zur Welt kommen. Der größte Unterschied zur klassischen Hebammenkunst besteht freilich darin, wie Sokrates sagt, »daß meine Kunst Männer, nicht Weiber entbindet, und daß es die Seelen der Männer sind, auf deren Geburtswehen sie ihr Augenmerk richtet, nicht ihre Leiber«.

Die Vorstellung, dass es sich bei Gedanken im besten Wortsinn um »Kopfgeburten« handele und dass es eines erfahrenen Hebammerichs bedürfe, um sie wohlbehalten ans Licht der Welt zu bringen, war überaus wirkungsreich. Noch Immanuel Kant schrieb in der *Metaphysik der Sitten*, wenn jemand der Vernunft eines anderen etwas abfragen wolle, so könne dies nicht anders als dialogisch geschehen: »Der Lehrer leitet durch Fragen den Gedankengang seines Lehrjüngers dadurch, daß er die Anlage zu gewissen Begriffen in demselben durch vorgelegte Fälle blos entwickelt (er ist die Hebamme seiner Gedanken).« Nach dem griechischen Ausdruck für die Hebammenkunst, *maieutike techne*, spricht man bei dieser Form des dialogischen Philosophierens daher von Mäeutik.

Was die freundliche, freischaffende Hebamme angeht, die S. und mich während der Schwangerschaft betreute und auf die Geburt vorbereitete, mag diese Analogie nun zutreffen: Wie der von Sokrates beschriebene Geistesgeburtshelfer wusste sie alles darüber, wie man durch »Verabreichungen von Mittelchen (...) die Schmerzen erregen und sie nach Belieben auch mildern« kann. Die diensthabende Hebamme allerdings, die uns schließlich bei der Geburt im Kreißsaal beiseitestand, war aus ganz anderem Holz geschnitzt – und ihre Mittelchen waren bei Weitem nicht so sanft, wie des Philosophen Schulweisheit sich träumen lässt. Irgendwann, als der Kopf unserer Tochter bereits aus dem Unterleib von S. hervorlugte, der Rest ihres Körpers aber noch auf sich warten ließ, lehnte sich die Hebamme, wenn ich mich recht entsinne (aber meine Erinnerungen an jenen überwältigenden Tag sind verschachtelt und verzerrt), mit ausgestreckten Armen von oben gegen den kugelrunden Bauch und drückte mit ihrem Körpergewicht dagegen wie eine Bäuerin, die ein widerborstiges Schwein aus dem Stall schiebt. Mit Erfolg, zum Glück.

Natürlich bin ich der Hebamme für ihre beherzte Geburtshilfe auf ewig dankbar – aber mein Vertrauen in Sokrates ist seitdem nachhaltig erschüttert. Wenn er bei seinem Philosophieren tatsächlich nach einer mäeutischen Methode verfahren wäre, die diesen Namen verdient – dann hätte er seine Schüler, Kollegen und Kontrahenten nicht in stundenlange Gespräche auf dem Athener Marktplatz verwickelt, sondern hätte seine Gesprächspartner, sobald er an einen kritischen diskursiven Punkt gelangt wäre, zu Boden geworfen, in den Schwitzkasten genommen und die gewünschten Antworten mit Ohrfeigen oder Fausthieben aus ihnen herausgeprügelt. Der große Philosoph mag der Sohn einer Hebamme gewesen sein – aber dass er tatsächlich jemals bei einer Geburt (außer seiner eigenen) mit dabei war, scheint mir zweifelhaft. Mit den Seelen der Männer kannte er sich jedenfalls sehr viel besser aus als mit den Körpern der Frauen.

♀ SCHMERZEN

Kacheln. Nackte Füße. Ich tigere durch den Raum wie ein Raubtier. Hin und her, hin und her. F. sitzt auf der Liege, fragt in regelmäßigen Abständen, ob ich etwas trinken möchte, ob er mir helfen kann, ansonsten hält er sich dezent zurück. Nicht zu nahe kommen. Bloß nicht.

Und dann geht es auch schon wieder los. Tief in meinen Eingeweiden, ganz von Ferne rollt er heran. Kommt näher, wird heftiger. Ich weiß, gleich, in ein paar Sekunden wird es furchtbar, drei, zwei, eins ... und dann durchströmt er mich auch schon, droht mich innerlich zu zerreißen wie etwas, das in mir ist, aber viel zu groß für meinen Körper, außerdem scharf und heiß. Kurz bevor ich zerspringe, fährt er aus mir heraus: als ein Schrei, den unbezweifelbar ich ausgestoßen habe, nur dass dieses Ich gar nicht mehr existiert. Es gibt nur noch ihn: einen Schmerz, der alles übersteigt. Jede Vorstellung; jede Beschreibung.

Kleiner Rückblick. Vor der Geburt, es muss ungefähr in der dreißigsten Woche gewesen sein, sagte eine Freundin zu mir, Gebären sei wie Wellenreiten. »Die

Wehe ist die Welle«, erklärte A. strahlend, die ihre beiden Kinder zu Hause zur Welt gebracht hat; sie sind bis heute nicht geimpft und besuchen natürlich einen Waldorfkindergarten. »Und je größer die Welle ist, desto besser, drück sie auf keinen Fall weg, lass sie kommen, nimm sie, steig drauf und dann: UUUAA-AAAHH!« Das Bild gefiel mir. Nicht nur, weil ich leidenschaftlich gern surfe, sondern weil es mir einen Weg zu eröffnen schien, das zu verhindern, was ich unbedingt verhindern wollte: Auf gar keinen Fall, da war ich mir sicher, sollte mir jemand eine Periduralanästhesie in den Rücken drücken. Keine schmerzlindernden Mittel. Nur über meine Leiche.

Eine andere Freundin, nennen wir sie L., bezeichnete mich ein paar Tage später, als ich ihr begeistert von A. und der Welle erzählte, als »komplett irre«. Anders als A. schickt L. ihren Nachwuchs in eine »städtische Kinderverwahranstalt« (ein Begriff von A.), und anders als A. hat sie ihnen ohne nur eine Millisekunde darüber nachzudenken die volle Palette an Impfstoffen verpassen lassen. »Du willst da ohne Betäubung durch? Ist das dein bescheuerter Ehrgeiz? Kranker Masochismus? Weleda-Wahn? Komm mal raus aus deiner Prenzlauer-Berg-Bioblase! Vor einer Wurzelbehandlung lässt du dir doch auch eine Spritze geben, oder?«

L. hatte natürlich recht: Ich bin in der Tat ehrgeizig (»Was Abermilliarden Frauen vor mir geschafft haben, schaffe ich auch!«). Überdies bin ich bis an die Grenze der Selbstschädigung neugierig (»Interessant: ein Schmerz, der angeblich unbeschreiblich ist und den schon Neandertalerinnen empfunden haben – wie der sich wohl anfühlt?«). Und drittens habe ich unleugbar eine tiefe Abneigung gegen Medikamente. Selbst Kopfschmerztabletten nehme ich nur im äußersten Notfall, das heißt kurz bevor mir der Schädel platzt, weil Schmerz in meiner psychoanalytisch grundierten Selbst- und Welthaltung nicht einfach nur eine Störung oder ein Zufall ist, sondern ein Zeichen. Was wiederum meinen anthroposophiegeschädigten Mann regelmäßig auf die Palme bringt (»Mich bedrückt nichts! Ich habe einfach nur Scheiß-Rückenschmerzen!«)

♂ *Stimmt. Mir ist die psychosomatische Welthaltung meiner Frau, der zufolge der Körper nichts weiter als ein Ausdrucksmedium der Psyche ist, jeder pochende Schmerz eine Morsenachricht des Unbewussten, jeder Pickel ein Ausrufezeichen, die Haut nichts weiter als ein Briefpapier, zutiefst suspekt. Ich finde sie auch belastend, da sie gleich zwei Aspekte des Daseins zugleich betrifft, den psychischen und den somatischen. Manchmal möchte ich einfach in Ruhe körperlich leiden können, ohne deshalb gleich nach seelischen Ursachen suchen zu müssen.*

Dass er mich jetzt hier in diesem Kreißsaal ohne Widerspruch leiden lässt, ist mithin weniger geistesgeschichtlich begründet, sondern, abgesehen von seiner Achtung meinem Willen gegenüber, eher medizinisch: Es sei, so sagte uns die Frauenärztin bereits in einem sehr frühen Stadium der Schwangerschaft, einfach sicherer, ohne Betäubungsmittel zu gebären. Ansonsten bestehe die Gefahr, dass die Muskeln lahmgelegt würden und ich nicht mehr aktiv mithelfen könne. Das will natürlich auch F. nicht, weshalb er, anstatt »Stopp, Schluss, Aus! Was macht ihr mit meiner Frau?« zu rufen, liebevoll meine Hand streichelt: Du schaffst das schon, Schatz.

Warum ich die Schmerzen bei beiden Geburten bis zum Schluss ausgehalten habe, ist mir rückblickend betrachtet immer noch nicht ganz klar. Sind Vertikalspannung, Authentizitätstick, Wissenslust und die Worte meiner Ärztin wirklich hinreichende Erklärungen? Vielleicht liegt der Grund auch woanders, nämlich im Vorgang der Geburt selbst. Fast neun Monate lang habe ich ein Kind in mir getragen, das mit mir verbunden, ein Teil von mir war (→ Kugelmensch). Und dann, plötzlich, ist es in der Welt. Die Geburt ist ein fundamentaler Schnitt, ein tiefer Eingriff in meinen Körper, der mich und mein Baby leiblich voneinander trennt (→ Mutterliebe). Ein Vorgang, der, bei Lichte betrachtet, so unbeschreiblich und brutal ist wie der

Schmerz, der ihn vorantreibt. Möglich immerhin, dass zumindest ich das Ereignis des Gebärens und die Tatsache, von nun an wieder nur ein Herz zu haben, nicht anders zu verarbeiten weiß als durch nackte körperliche Erfahrung.

♂ ABNABELN

Natürlich war ich bei der Geburt meiner Tochter dabei. Ich wollte S. seelischen Beistand leisten. Ich wollte Kissen im richtigen Moment an die richtigen Körperstellen rücken, ich wollte Hände halten und Wangen streicheln, ich wollte S. gut zureden, mit ihr atmen – und ich wollte natürlich diesen sich täglich millionenfach ereignenden und doch einzigartigen Moment miterleben, wenn mit einem Mal jemand da ist, wo vorher niemand war. Wenn plötzlich etwas ist und nicht vielmehr nichts.

Was ich nicht wollte: die Nabelschnur durchschneiden. Nein, dachte ich, wir befinden uns in einem Kreißsaal in einem renommierten Krankenhaus in einer wohlhabenden Industrienation, wir sind von Hebammen umgeben, von Ärzten, Krankenschwestern, von lauter hoch ausgebildetem Klinikpersonal – warum sollte ausgerechnet ich, als medizinischer Laie, einen solchen chirurgischen Schnitt vollführen? Wenn ich Nabelschnüre durchschneiden wollte, wäre ich Hebamme geworden (was mir tatsächlich während des Zivildienstes einmal geraten wurde; allerdings von einer

Patientin, die ich betreute, einer schizoiden Paranoikerin, und ihre anderen Berufsempfehlungen an mich lauteten »Bademeister« und »Frankreich«). Also: Wahnsinn. Auf gar keinen Fall würde ich diese komisch geformte Schere in die Hand nehmen und …

Als es schließlich ernst wurde, tat ich genau das: Meine Tochter zappelte, mein Herz ging mir über, die Augen auch, eine Hebamme drückte mir die Schere in die Hand, nach minimalem Zögern nahm ich sie, schnitt an der mir zugewiesenen Stelle durch das gallertartige Bindegewebe, Blut spritzte, ich reichte die Schere zurück, und die Hebamme warf mir durch blutbespritzte Brillengläser einen vorwurfsvollen Blick zu. Ach, dachte ich, wäre ich doch nur bei meinem Vorsatz geblieben …

Aber woher rührte eigentlich mein Unbehagen, diesen Schnitt zu vollziehen? Die Symbolik der Handlung liegt ja offen zutage: Das Kind ist durch den *Funiculus umbilicalis* mit der Mutter verbunden, ja es ist gewissermaßen an sie gefesselt: »Die Nabelschnur«, schreibt Peter Sloterdijk, »ist die Mutter aller Ketten.« Es obliegt daher traditionell dem Vater, sein Kind zu befreien, es im wahrsten Sinne des Wortes zu ent-binden: Er muss sich in die primordiale Mutter-Kind-Dyade einschreiben, ja sich in sie *einschneiden* und damit für das Beziehungsdreieck Vater-Mutter-Kind öffnen. Die physiologische Abnabelung soll also auch die psychische Ablösung des Neugeborenen aus der Ur-Einheit initiieren. »Der Nabel«, schreibt die Literaturwissenschaftlerin Elisabeth Bronfen, »verweist (...) auf die Trennung von der überwältigenden Unversehrtheit des pränatalen mütterlichen Körpers und verknüpft somit die durch den Verlust herbeigeführte Verwundbarkeit mit der Ermächtigung.« So weit, so gut, so psychoanalytisch.

Was mir daran so missbehagt: erstens, wie bereits angedeutet, das krasse Missverhältnis zwischen der Grandiosität der Geste und der tatsächlich erbrachten Leistung.

♀ *Ein schwaches Argument, finde ich, denn diese Unwucht ist doch gerade kennzeichnend für Rituale. Man denke an die grandiosen Gesten bei einer christlichen Messe: Backoblaten essen und Wein trinken kann prinzipiell jeder. Im Zentrum steht die Symbolhaftigkeit der Handlung, ihr Verweis-Charakter.*

Wenn der frischgebackene Vater zum Schneidewerkzeug greift, ist das Hauptwerk der Entbindung ja längst getan: Das Kind ist auf der Welt und offensichtlich außer Lebensgefahr (sonst wäre für solchen symbolischen Mummenschanz keine Zeit), der Blutkreislauf in der Nabelschnur durch sterile Klemmen unterbrochen (im Fall meiner Tochter offenbar nicht sorgfältig genug, sonst hätte es nicht so gespritzt). Das eigentliche Durchtrennen der Nabelschnur ist ein Kinderspiel dagegen, eine lächerliche Geste, bei der man eigentlich nichts falsch machen kann, die aber dennoch mit enormer psychodynamischer Bedeutung aufgeladen wird. Ein bisschen fühlte ich mich wie ein Kleinkind, dem man erlaubt, die letzte Kirsche auf einem komplizierten Tortenbauwerk zu platzieren, und das hinterher überschwänglich vor den Gästen gelobt wird, es habe ganz toll mitgeholfen.

Zweitens und im Anschluss daran erinnert mich die leere Symbolik dieser Geste eher unsanft daran, dass wir Männer – zumindest in unserer funktional ausdifferenzierten und medizinisch hoch entwickelten Welt – für das körperliche Wohl unseres Nachwuchses ab dem Moment der Zeugung eigentlich herzlich unwichtig sind und höchstens noch in ökonomischer, psychischer und symbolischer Hinsicht eine Rolle spielen. Wenn unsere Frauen, wie es die Gottesanbeterweibchen tun, uns direkt nach der Begattung den Kopf abbissen – nichts wäre verloren, das Kind könnte reifen und schlüpfen wie geplant. Gerade bei einer Krankenhausgeburt haben wir eigentlich keine vitale Funktion; das größte Lob, das uns die Hebammen hinterher ausstellen können, ist, dass wir immerhin nicht im Weg standen und man uns nicht wegen unkontrollierter Gefühlsausbrüche des Kreißsaals verweisen musste. Und dann drückt man uns ein Scherchen in die Hand, damit auch wir etwas zu tun haben? Ein schaler Trost.

♀ *Hier zeigt sich ein Disput, der uns noch häufiger begegnen wird: Während ich rituelle und symbolische Handlungen befürworte, die den väterlichen Part aufwerten und damit die mütterliche Dominanz relativieren, lehnt F. diese Aufwertung als Mummenschanz ab. Mich verwundert das, weil er die biologisch ungleiche Bedeutung von Mann und Frau ab dem Zeitpunkt der Zeugung ja deutlich sieht und benennt, sowohl in diesem Text als auch in dem zur → Natur. Warum also diese Abwehr gegen Symbole?*

Drittens und nicht zuletzt irritiert mich die Antiquiertheit der Handlung. Dass sich vermeintlich rationale Familienväter – 250 Jahre nach der Aufklärung, in einem schulmedizinisch orientierten Krankenhaus, mitten im säkularen Berlin – an einem solch archaischen Ritual beteiligen, ohne es zu hinterfragen, ja, dass es ihnen nachgerade aufgezwungen wird, erscheint mir wie ein Rückfall in vormoderne Zeiten. Wer kritiklos Nabelschnüre durchtrennt, kann genauso gut auch hinterher die Plazenta essen oder aus Dankbarkeit der Erdmutter Gaia gegenüber im Tiergarten einen Baum umarmen. Mag sein, dass unsere Ur-Ur-Ur-Ur-Urahnen keine andere Wahl hatten, als mit dem Faustkeil die Nabelschnur ihrer Partnerin durchzuhacken, und dass sie aus dieser Geste mächtige väterliche Befriedigung erfuhren, ja, sich allererst als Dritte im Beziehungstriangel wahrnahmen – wir müssen das nicht mehr.

Dass wir es trotzdem tun, dürfte eher einer postmodernen Sehnsucht nach Spiritualität und Erdigkeit geschuldet sein; nach Ritualen, die in unserem durchsäkularisierten Alltag ansonsten abhandengekommen sind, und bei denen wir allenfalls zu Randzeiten unserer Existenz, vorzugsweise bei Geburts- und Sterbefällen, Halt suchen. Wenn es uns aber mit dem Projekt der Moderne wirklich ernst ist; wenn wir mehr sein wollen als nur verkappte Teilzeit-Aufgeklärte, die jeden Moment in finsteren Aberglauben zurückzufallen drohen: Dann sollten wir uns auch von solchen überkommenen Gesten und Ritualen abnabeln.

♂ MITLEID

Eigentlich hielt ich mich immer für einen mitfühlenden Menschen. Einen aufrichtigen Empathiker, der selbst beim Anblick einer angefahrenen Nacktschnecke von Rührung für die leidende Kreatur ergriffen wird und alles tut, um ihre Schmerzen zu lindern. Und ich schämte mich nicht dafür – schließlich gibt es kaum ein Gefühl, das in der neuzeitlichen Philosophiegeschichte so positiv bewertet wird wie das Mitleid. Denkern wie Jean-Jacques Rousseau, David Hume und Adam Smith galt es als Grundlage für tugendhaftes Verhalten, und für Arthur Schopenhauer stellte Mitleid sogar die Triebfeder jeglichen moralischen Handelns dar: »Nur sofern eine Handlung aus ihm entsprungen ist«, befindet er in seiner Schrift *Über die Grundlage der Moral*, »hat sie moralischen Werth: und jede aus irgend welchen andern Motiven hervorgehende hat keinen.«

Umso verstörender, dass ich gerade im Moment ihrer größten Schmerzen, der Geburt unseres ersten Kindes, kein Mitleid für S. empfand. Schon beim Warten auf den Krankenwagen war sie vor Schmerzen fast zusammengebrochen. Während der Blaulichtfahrt in die Klinik nahm die Heftigkeit der Eröffnungswehen – den Klagelauten und dem verzerrten Gesichtsausdruck meiner ansonsten wenig zimperlichen Frau nach zu schließen – sogar noch weiter zu. Später im Kreißsaal begann sie irgendwann, wie von Sinnen mit beiden Fäusten auf mich einzuprügeln; was in jeder anderen Situation zu einem deftigen Ehekrach geführt hätte, unter gegebenen Umständen aber natürlich nicht der Rede wert war: Schließlich war ich von den Schmerzen, die S. ertragen musste, mutmaßlich meilenweit entfernt (→ Schmerzen). Ausgerechnet während jenes Ereignisses, das uns enger zusammenband als alle anderen in unserem Leben (die Hochzeit eingeschlossen), waren wir emotional in vollkommen unterschiedlichen Sphären. Sie litt wie ein Tier – ich saß weitestgehend schmerzfrei, also mitleid-los, daneben. Bin ich deswegen – im Sinne Schopenhauers – ein schlechter Mensch?

Dazu muss man vermutlich klären, was mit »Mitleid« genau gemeint ist. Schließlich kann das Wort einerseits eine akute Emotion beschreiben, also das tatsächliche, simultane Miterleben der Gefühle eines anderen Menschen – was aber, wenn man dem französischen Philosophen Roland Barthes folgt, gerade beim Leiden ganz und gar unmöglich ist. »Denn zu eben der Zeit, da ich mich ›aufrichtig‹ mit dem Unglück des

Anderen identifiziere, lese ich in diesem Unglück, daß es sich ohne mich vollzieht und der Andere (…) mich im Stich lässt«, schreibt er in *Fragmente einer Sprache der Liebe*. »(S)ein Leiden erklärt mich in dem Maße für nichtig, wie es sich jenseits von mir konstituiert. Daraus folgt die Umkehrung: da der Andere ja ohne mich leidet, warum sollte ich an seiner Stelle leiden? Sein Unglück rückt ihn mir sehr fern.« Das mag herzlos klingen, gibt aber sehr präzise den Zwiespalt wieder, den ich angesichts der Schmerzen von S. empfand.

Andererseits kann »Mitleid« aber auch – allgemeiner und zeitunabhängig – eine Verhaltensdisposition beschreiben: also die grundlegende Fähigkeit oder Bereitschaft, den eigenen emotionalen Standpunkt aufzugeben und sich auf die Perspektive eines anderen Menschen einzulassen. Und vieles spricht dafür, dass bei mitleidbasierten Ethiken wie jener von Schopenhauer nicht die akute Emotion, sondern diese prinzipielle Fähigkeit zur Einfühlung gemeint ist. So gesehen bestünde mitleidiges Verhalten darin, die Schmerzen seines Nächsten erst einmal grundsätzlich wahrzunehmen. Zweitens anzuerkennen, dass man sie zwar nicht teilt, dass sie aber theoretisch die eigenen sein könnten: »Wann wir (…) durch fremde Leiden zum Weinen bewegt werden«, schreibt Schopenhauer, »so geschieht dies dadurch, daß wir (…) in seinem Schicksal das Los der ganzen Menschheit und folglich vor allem unser eigenes erblicken und also durch einen weiten Umweg immer doch wieder über uns selbst weinen, Mitleid mit uns selbst empfinden.« Und drittens alles dafür zu tun, um diese Schmerzen so weit wie möglich zu lindern sowie ihre Ursache in Zukunft tunlichst zu vermeiden.

Leider ergeben sich hieraus aber schnell die nächsten Komplikationen. Erstens: Lindern konnte ich die Geburtswehen von S. nicht, auch wenn ich mich im guten Glauben sonnte, dass mein Händchenhalten, Gutzureden und Angleichen der Atemfrequenz zumindest ein kleines bisschen halfen. Zweitens und schwerwiegender aber: Wollte ich ihr diese und ähnliche Schmerzen tatsächlich in Zukunft ersparen? Von wegen! Kaum dass die Geburt vorbei war und ich unsere herzzerreißend entzückende Tochter in den Armen hielt, wollte ich nämlich am liebsten umgehend ein weiteres Kind. Und dann noch eines, und noch eines. Koste es, was es wolle. Und wenn S. dafür x-mal durch die Hölle der Schmerzen würde waten müssen – egal ...

Und mir wurde klar: Wer mehr als einmal Vater werden will, hat eigentlich nur zwei Möglichkeiten: Entweder er macht es wie Generationen unserer Vorväter, lässt seine Frau im Moment ihrer größten Schmerzen allein und tigert hektisch rauchend vor dem Krankenhaus auf und ab, bis die Schreie verklun-

gen sind. Oder aber er lernt, auf eines der philosophie-
geschichtlich zentralsten Gefühle zu verzichten – und
das Mitgefühl mit der Partnerin seinen eigenen egoistischen Zielen unterzuordnen. Anders gesagt: Er muss,
zumindest vorübergehend, ein sehr, sehr schlechter
Mensch sein.

♀ MUTTERLIEBE

Ein Februartag im Jahr 2008. Ich stehe im Aufzug der Berliner Charité und betrachte mich im Spiegel, genauer gesagt: meinen Bauch, den ich mit beiden Händen halte, als sei mein Baby, unsere Tochter, noch in mir. Ist sie aber nicht. Ich fühle mich, als hätte man mir einen wesentlichen Teil meines Körpers amputiert, als sei ich nicht mehr vollständig und würde es auch nie wieder werden.

Ein paar Tage zuvor, am 31. Januar, wurde unser kleines Mädchen geboren, sechs Wochen zu früh. Blasensprung in der vierunddreißigsten Woche. Notarzt. Ab ins riesige Universitätskrankenhaus und nicht, wie geplant, in die kleine Pankower Klinik, wo ich eigentlich entbinden wollte. »Die ham keene Neo«, wie uns der Krankenwagenfahrer erklärte, während er und ein Kollege mich auf einer Liege die vier Stockwerke unseres Hauses hinuntertrugen. Meint: Aufgrund der Frühgeburt muss ich in ein Krankenhaus mit einer Station für Neonatologie gebracht werden, und die nächste Klinik dieser Art ist die Charité in Mitte.

An die Ereignisse unmittelbar vor der Geburt kann ich mich kaum noch erinnern (War F. die ganze Zeit bei mir? Wie bin ich in den Kreißsaal gekommen? Wann habe ich das Krankenhaushemd angezogen?). Was ich aber noch sehr genau weiß, und woran ich mich die Wochen nach der Geburt mit aller Kraft festhalten sollte: wie unsere Tochter, nachdem ich sie im allumfänglichen Sinn des Wortes »spontan« geboren hatte, für ein paar Minuten auf meiner Brust lag. 2 255 Gramm. Ich bedeckte mit meinen Händen ihren winzigen Rücken, wollte sie wärmen, mich mit ihr unter einem Fell verkriechen, raus aus diesem kalten Licht, doch dazu sollte es nicht kommen. Irgendwer, ein Arzt oder eine Hebamme, nahm mir unser Kind behutsam vom Bauch und brachte es nach einer ausführlichen Untersuchung auf die Frühgeborenenstation, wo es nun in einem Wärmebettchen und durch diverse blinkende Apparaturen überwacht liegt.

Ich selbst bin elf Stockwerke über meinem Kind untergebracht, in einem sogenannten Mutterzimmer, das ich glücklicherweise ergattern konnte (die meisten Eltern müssen erst von zu Hause anreisen, um ihr Baby auf der Station zu besuchen, für mich eine vollkommen unmögliche Vorstellung). Auf der Station selbst gibt es strenge Besuchszeiten, alle vier Stunden darf ich qua Regelung zu meinem Kind, nachts überhaupt nicht. »Nu sein Se ma' froh«, nahm mich gleich am ersten Tag eine Krankenschwester zur Seite, »ruhn Se sich aus, der janze Stress kommt früh jenuch.« Das war freundlich gemeint, ich aber fühlte mich wie eine Löwenmutter, die man nicht zu ihrem Kind lässt. Ich wurde wütend und kämpfte mit aller Kraft den Weg zu meinem Kind frei.

Seither komme und gehe ich, wann ich will. So wie jetzt. Es ist drei Uhr in der Nacht, der Fahrstuhl passiert gerade den vierten Stock. Die abgepumpte Milch, die ich in einem Fläschchen bei mir trage (noch ist unser Baby zu schwach, um von der Brust zu trinken, aber wer wird mich daran hindern, es trotzdem selbst zu füttern?), ist warm. Je näher ich meiner Tochter komme, desto mehr klopft mein Herz. Ob das Liebe ist – oder purer animalischer Instinkt?

Folgt man der französischen Philosophin Élisabeth Badinter, ist es keines von beidem. In ihrem wirkmächtigen Buch *Die Mutterliebe* zeigt die Feministin, wie sehr unser Mutterbild von historischen Gegebenheiten geprägt ist. Im 17. und 18. Jahrhundert zum Beispiel war das Stillen in den höheren Kreisen Frankreichs verpönt, Kinder wurden ganz selbstverständlich zur Amme gegeben. Für uns heute unvorstellbar. »Man kommt deshalb nicht an der vielleicht grausamen Schlussfolgerung vorbei«, so Badinter, »dass die Mutterliebe nur ein Gefühl und als solches wesentlich von den Umständen abhängig ist. Dieses Gefühl kann vorhanden sein oder auch nicht vorhanden sein, es kann auftreten oder verschwinden.«

Es gab Zeiten, da habe ich Badinter wie überhaupt die Postfeministinnen des 20. und 21. Jahrhunderts mit Begeisterung gelesen. Was für eine Befreiung! Was für ein Segen, dass man Mütter nicht länger an ihre Biologie und ihre vermeintlich natürlichen Gefühle kettet! Lasst uns aufbrechen in eine neue Zeit, in der auch »Frauen« (ein Wort, das man als überzeugte Postfeministin nur noch in Anführungsstriche setzen kann) »den Phallus haben« (komplexes Theorem des Psychoanalytikers Jacques Lacan, mit dem sich der Postfeminismus kritisch auseinandersetzt)!

Nun aber kommen mir, gelinde gesagt, Zweifel: Es mag sein, dass Frauen ihre Kinder zeitweilig an Ammen abgaben. Aber weiß Frau Badinter, wie sie – die Kinder und die Frauen – sich dabei fühlten? Folgt aus der Wandelbarkeit historischer Sitten bereits, dass die Emotionen sich automatisch mitgewandelt haben? Sind Gefühle so veränderbar und kontingent wie gesellschaftliche Bräuche? Ferner: Was genau heißt eigentlich: »nur« ein Gefühl? Können nicht auch Gefühle anthropologische Konstanz besitzen? Sicher gibt es Frauen, die – aus welchen Gründen auch immer – keine Liebe für ihre Kinder empfinden, sie im schlimmsten Fall gar töten. Aber folgt daraus bereits, dass die Mutterliebe eine vollkommen willkürliche Emotion ist, die vorhanden sein kann oder auch nicht? Ist es nicht mindestens ebenso plausibel, von Ausnahmen zu sprechen, welche die Regel nur umso mehr bestätigen? Ist es wirklich überzeugend, im Zuge postmoderner Hegemoniekritik jede Abweichung nachgerade reflexhaft zu entpathologisieren?

Unter den missbilligenden Blicken der Krankenschwestern betrete ich die Frühchenstation und nehme meine Tochter aus dem Wärmebett. Ob sie mich erkennt, frage ich mich, die kleine Nase an meiner Haut. Plötzlich die Sorge, sie könnte meinen Geruch nicht identifizieren, mich nicht unterscheiden von den anderen Frauen hier. Ich nehme das kleine Wesen noch etwas fester in meinen Arm. Am liebsten würde ich es mir unter den Pullover stecken und heimlich mit ihm fliehen.

♂ **VATERLIEBE**

Der Bettenturm der Charité, oder »Scharíte«, wie der Urberliner Rettungssanitäter sagte, als wir mit Blasensprung und Blaulicht in Richtung Kreißsaal brausten. Unsere Tochter liegt auf der Frühchenstation, S. ein Gebäude weiter und elf Stockwerke von ihr entfernt auf der Wöchnerinnenstation; für den Vater ist in der Immobilie kein Platz, nach drei Tagen im Elternzimmer wurde ich nach Hause geschickt. Nun pendele ich jeden Tag zwischen Wohnung und Klinik, nehme die Tram bis zum Nordbahnhof und laufe von dort die letzten beiden Kilometer, die ziemlich verlotterte Invalidenstraße entlang, zu Fuß.

Und je näher ich dem Krankenhaus komme, desto nervöser werde ich. Meine Atemfrequenz erhöht sich, mein Herz schlägt schneller. Und dann steigt dieses leuchtende Gefühl im Solarplexus auf, wie ein Feuer ohne Hitze, eine kühle Flamme, die sich über den gesamten Brustkorb ausbreitet, brennend, aber nicht verzehrend … Ganz klar: Ich bin verliebt. Bis über beide Segelohren verknallt in unsere neugeborene Tochter. Jedes Mal, wenn ich vor dem Eingang der Charité stehe, bin ich so aufgeregt und glücklich wie vor einem lange ersehnten Date.

Das Frappierende: Dieses Gefühl unterscheidet sich kaum von der Verliebtheit, wie ich sie aus anderen, erwachsenen Beziehungen kenne – die Intensität ist nicht geringer als jene, die ich etwa beim Kennenlernen S. gegenüber empfand. Zugleich ist der Schmerz, den ich verspüre, wenn meine Tochter allfällige Zärtlichkeiten nicht goutiert, wenn sie etwa bei einem Kuss das Gesichtchen verzieht oder greinend den Kopf wegdreht, kaum weniger ausgeprägt als die Enttäuschung, die ich als Pubertierender empfand, wenn ein Objekt der Begierde meine Zuneigung nicht erwiderte. (Und wann tat es das schon?)

Als S. zum ersten Mal schwanger war, trieben mich in Bezug auf meine emotionale Ökonomie zwei gewaltige Sorgen um. Erstens: Ich könnte mein Kind später nicht hinreichend lieben – und warum sollte ich auch? Schließlich besteht kein zwingender Grund, ein Wesen zu lieben, nur weil eine einzige, gerade mal sechzig Mikrometer große Zelle aus meinem Säftehaushalt an seiner Entstehung beteiligt war. Oder zweitens: Ich könnte mein Kind zwar lieben, diese Liebe würde aber auf Kosten der Zuneigung zu S. gehen. Gerade so, als hätte ich begrenzten Liebeskredit, der dann eben von der einen Person auf die andere übertragen oder doch zumindest aufgeteilt werden müsste.

Inzwischen, zehn Jahre nach der Geburt meiner Tochter sowie ein weiteres Geschwisterchen später, kann ich erleichtert zu Protokoll geben: Beide Sorgen waren unbegründet. Ich liebe meine Kinder, beide gleichermaßen, und habe dennoch in aller Regel noch genügend Liebesvermögen für S. übrig. In guten Momenten fühlt es sich geradezu so an, als würde die Liebe mit der Zahl der Objekte, denen sie zuteilwird, zunehmen. Als handelte es sich bei dieser Emotion um eine Art Blattgold, das man hauchdünn auswalzen und auf etliche Figuren applizieren kann, das darum aber um nichts weniger glänzt. In gewisser Weise handelt es sich um eine Art Polyamourie, bei welcher der erotische Aspekt allerdings auf eine einzige Person, nämlich S., beschränkt ist.

♀ *Interessant: F. stellt die Liebe zur Frau und die Liebe zum Kind als wesensgleich dar (was, wenn ich das sagen darf, auch noch mal ein erhellendes Licht auf die Tatsache wirft, dass F. mich bisweilen, zumindest für mein Empfinden, allzu sehr »behütet«; meinen Fahrradhelm setze ich nur ihm zuliebe auf). Ich hingegen habe durch unsere Kinder eine ganz neue Art der Liebe kennengelernt, eine, die mich mit Haut und Haaren fordert und will. Tatsächlich würde ich meine eigene Begehrensökonomie nach den Geburten ganz anders beschreiben: Das winzige Baby hat eine unglaubliche Macht, es kann den Mann als Sexualobjekt verdrängen!*

Vielleicht fällt es Vätern ja deshalb manchmal so schwer, für die sexuelle Unlust junger Mütter Verständnis aufzubringen: Sie kennen schlicht nicht das Gefühl, durch die Liebe eines kleinen Kindes gesättigt, bisweilen auch übersättigt zu werden (→ Supplement). Hinzu kommt ein weiterer Aspekt: Mich sexuell hinzugeben fühlt sich für mich in einer Zeit, in denen ich meinen Kindern körperlich sehr nahe bin, fast »unanständig«, »dreckig« an. Ich kann nicht einfach so hin- und herspringen zwischen der mütterlichen und sexuellen Funktion. Liegt es daran, dass ich die Kinder, anders als F., in mir getragen habe? Mein Körper ist ungleich stärker in die Reproduktion eingebunden als seiner, da beißt die Maus keinen Faden ab.

Vor Kurzem habe ich den wunderbaren Film *her* des amerikanischen Regisseurs Spike Jonze gesehen. Die weibliche Hauptfigur Samantha raunt darin ihrem Liebhaber (zudem mit der unwiderstehlichen Stimme von Scarlett Johansson) den weisen Satz ins Ohr: »But the heart's not like a box that gets filled up. It expands in size the more you love.« Das Herz ist keine Schachtel, die irgendwann vollgestopft ist. Es wird proportional zu der Liebe, die es in sich trägt, immer größer.

Samantha, muss man wissen, ist ein sehr hoch entwickeltes Computerbetriebssystem, das nicht nur zu eigenständigen Gedanken, sondern auch zu komplexen Gefühlen fähig ist. Unter anderem kann es lieben – und zwar im Fall von Samantha sage und schreibe

641 Personen auf einmal. Nun: Ich habe nicht vor (und bin mutmaßlich auch nicht in der Lage dazu), noch 638 weitere Kinder zu bekommen. Aber solange sich die Anzahl meines Nachwuchses auf handelsübliche Mengen beschränkt, würde ich Samantha voll und ganz recht geben: Für ein paar weitere Kinder reicht meine Liebe locker aus.

♂   TRÄNEN

Gerade bin ich auf ein altes Notizbuch gestoßen,
es stammt aus dem Jahr 2008. Unter dem Datum
»3. Februar« steht dort in für meine Verhältnisse bemerkenswert krakeliger Handschrift, die auf schwere
seelische oder körperliche Zerrüttung hinweist:

Jesus wept
Indianer weinen nicht
Boys don't cry
Crying in the rain
Blutstränen
Tausend Tränen tief
Können Tiere weinen?
»aus meinen Tränen sprießen«
The Man Who Couldn't Cry
Heul doch!
Mit den Clowns kamen die Tränen

Was ich mit alldem gemeint haben könnte, kann ich
nur noch erahnen, schließlich sind die Notizen inzwischen über zehn Jahre alt – aber eines ist klar: Offen-

bar beschäftigte mich zur Zeit der Niederschrift das Thema Tränen.

Kein Wunder: Drei Tage zuvor war unsere Tochter zur Welt gekommen, und wenn ich mich recht entsinne, heulte ich in der ersten Zeit nach der Geburt wie ein hypersensibler Schlosshund. Als ich dem diensthabenden Arzt im Kreißsaal den Namen unserer Tochter mitteilen sollte, brachte ich vor Schluchzen kein Wort heraus. Noch Wochen später zerfloss ich, wann immer ich von der Geburt erzählen sollte (und manchmal auch einfach so), in hemmungsloses Geflenne. Wenn mich nicht alles täuscht, sind die Seiten des erwähnten Notizbuchs sogar leicht gewellt, weil ich alter Tränen-Sack selbst beim Schreiben nicht das Wasser halten konnte. Sehr un-indianisch. *Not very boylike.* Clownesk. Selbst für einen postmodernen, postfeministischen, tendenziell postmetrosexuellen Mann wie mich eher unstatthaft. Aber warum weinte ich überhaupt? Weshalb reagierte ich auf ein so umwerfend freudiges Ereignis wie die Geburt meines ersten Kindes mit körperlichen Symptomen der Trauer?

Beim weiteren Stöbern in meinen Notizen merke ich, dass ich mich doch schon intensiver mit dem Thema Tränen beschäftigt haben muss, denn unter dem angeführten Stichwortsteinbruch befindet sich ein ganzer Schwung philosophischer Zitate. Los geht es mit René Descartes: Der Rationalist erklärte sich das scheinbar paradoxe Phänomen der Freudentränen damit, dass starke »Leidenschaften der Seele« wie Rührung oder Freude »miteinander verbunden viel Blut ins Herz und von dort viele Dämpfe in die Augen (bringen). Die Bewegtheit dieser Dämpfe wird jedoch durch die Kälte ihrer natürlichen Verfassung so gemäßigt, dass sie sich leicht in Tränen verwandeln, selbst wenn gar keine Trauer vorausging.« Aha. Wenn ich den Philosophen richtig verstehe, ist der Mensch also eine Art Dampfmaschine: Das Herz gleicht einer überhitzten Turbine, und bei den Tränenkanälen handelt es sich um zwei Überdruckventile, die den von Emotionen überköchelnden Körper vor dem Explodieren bewahren. Keine schlechte Theorie – aber für einen liebenden Vater, zumal einen, der notorisch nah am Wasser gebaut ist, doch arg prosaisch.

Zum Glück hatte Descartes zu dem Thema nicht das letzte Wort. Schon im 18. Jahrhundert, im Zeitalter der Empfindsamkeit, geriet seine mechanistische Auffassung des menschlichen Seelenlebens unter Beschuss. Etwa durch den Schriftsteller Laurence Sterne (→ Ursprung), der in dem Roman *A Sentimental Journey* seinen Protagonisten Yorick auf eine zum Schlagwort gewordene »empfindsame Reise« schickte, nur damit der Held sich unterwegs immer wieder durch Tränenwasserfälle seiner Herzensgüte und Menschlichkeit versichern konnte. Intensive Gefühlsregungen galten dem Autor – ganz im Sinne der *moral-sense*-Philosophen seiner Zeit – als Indiz dafür, dass der Mensch sich im Einklang mit einer universalen moralischen Ordnung befand: Wer weinte, bewies damit, dass der Mensch im Grunde seines Herzens selbstlos und gut war. So gesehen könnten meine übermäßigen Tränenflüsse also ein Anzeichen dafür gewesen sein, dass ich qua Vaterschaft endlich in das »groß(e) Sensorium der Welt« (Sterne) eingetreten war, »welches schwingt, wenn nur in der fernsten Einöde der Schöpfung ein Haar von unserm Haupt auf die Erde fällt«. In den Klub der guten Menschen, dessen wichtigstes Aufnahmekriterium darin besteht, dass man regelmäßig und aus rechten Gründen zu weinen weiß.

Eine schmeichelhafte Deutung – aber nicht unproblematisch. Folgt man nämlich dem Literaturwissenschaftler Albrecht Koschorke, handelt es sich bei den üppigen Tränenströmen, die in der Ära der Empfindsamkeit vergossen wurden, gewissermaßen um eine Verschiebung sexueller Begehrlichkeiten in die Sphäre des Emotionalen. »Wer tugendhaft genug ist, weint«, schreibt er: »Das Weinen ist ein negativer Reflex auf jene Ausgießungen, die mit Verboten belegt sind.« Anders gesagt: Wenn jemand weint, möchte er eigentlich andere Säfte absondern; der Tränenfluss tritt an die Stelle des verwehrten oder anderweitig verhinderten Samenergusses.

Zugegeben: Hemmungslos die Sekrete aus den Augen schießen zu lassen, kann durchaus lustvoll sein (Friedrich Schiller nannte es abschätzig eine »wollüstige Erleichterung der Gefäße«). Aber dass ich angesichts der Geburt meiner Tochter – wie verschoben oder sublimiert auch immer – unterdrückte sexuelle Regungen ausgelebt haben soll, erscheint mir doch äußerst unwahrscheinlich. So gut kenne ich mich selbst, so gut kenne ich sogar mein Unbewusstes. Warum also, zum Teufel, habe ich damals geweint?

Erleichterung, aber auch Ernüchterung bringt mir schließlich eine profane Internetrecherche. Einer psychologischen Studie der Universität Yale aus dem Jahr 2015 zufolge handelt es sich bei Freudentränen um sogenannte *dimorphous expressions*: Sie vereinen zwei emotionale Zustände, die eigentlich einander entgegengesetzt sind, in diesem Fall Freude und Trauer. Diese »zweigestaltigen Ausdrücke« machen nur etwa zehn Prozent aller tränenreichen Gefühlsausbrüche aus, in neun von zehn Fällen besteht der Grund für die Tränen also tatsächlich in Kummer, Schmerz oder Trauer; bei Männern sind sie allerdings doppelt so häufig wie bei Frauen (so viel zum Stichwort *Boys don't cry*). Die Ursache für Freudentränen, so erfahre ich weiter, besteht darin, dass der Gefühlsapparat von der positiven Emotion überwältigt wird und versucht, die Überforderung durch eine scheinbar paradoxe Reaktion zu kompensieren. Offenbar hilft dieser Mechanismus, um emotional möglichst schnell wieder ins Lot zu kommen; ganz ähnlich wie bei einem Überdruckventil, das den vor Gefühlen überköchelnden ...

Moment: Das klingt ja fast genauso wie das alte kartesianische Modell vom Körper als Dampfkessel. Sollte ich mit der allerersten, ältesten Theorie also tatsächlich recht gehabt haben? War die ganze weitere Recherche zu Sterne, Koschorke & Co umsonst? Und vor allem: Führte mir die freudig-tränenreiche Erregung über die Geburt meiner Tochter vor Augen, dass wir Menschen letztlich nichts weiter sind als emotional mehr oder weniger gut kalibrierte, biochemisch gesteuerte Automaten? Mensch-Maschinen, die eben hin und wieder aus dem Takt geraten und dann neu justiert werden müssen?

Bei aller Liebe zur Rationalität: Das wäre in der Tat zum Heulen.

♂ FLEXIBILITÄT

Mein Freund J. hat gerade zum zweiten Mal geheiratet.

Mein Freund K. hat seit zehn Jahren nicht mit seinem Vater gesprochen.

Mein Freund G. war ursprünglich Automechaniker, jetzt ist er Professor für Amerikanistik.

Mein Freund E. war früher eine Frau.

Wir haben uns in unserer spätmodernen Welt daran gewöhnt, dass man fast alles im Leben noch einmal verändern kann – wenn es sein muss, auch mehrmals: Die Partnerin oder den Partner, den Namen (→ Weibliche Allmacht), den Beruf, den Familienstand, die sexuelle Orientierung, das Geschlecht, die Größe der Brust oder des Penis, die Form der Nase oder der Wangenknochen, die Haarfarbe, die Herzklappen, die Hüftgelenke. Wir sind, um eine berühmte Formulierung des Soziologen Richard Sennett zu verwenden, in höchstem Grade »flexible Menschen« geworden.

Das ist zunächst einmal zu begrüßen – schließlich möchte wohl niemand, wie's noch unsere Großeltern taten, bis zum Lebensende in einer längst erkalteten Ehe ausharren müssen oder in einem unbefriedigenden oder unterfordernden Beruf. Oder auch in einem Körper, in dem man sich radikal fremd fühlt.

Andererseits bringt die zunehmende Flexibilisierung unseres Lebens, wie Sennett ausführt, auch etliche Schattenseiten mit sich (sein Thema ist vor allem die spätkapitalistische Arbeitswelt amerikanischer Prägung): Klar, wenn sich alles ändern kann, sind auch Werte, die einmal lieb und teuer waren, zur Disposition gestellt. Einstige Tugenden wie Loyalität und Pflichtgefühl, die ihrem Wesen nach auf die Kontinuität beruflicher und zwischenmenschlicher Beziehungen setzen, verlieren an Bedeutung. Im gleichen Zug wird die Zeit nicht mehr als Kontinuum wahrgenommen, sondern nur noch als Ansammlung fragmentierter Momente, weshalb es für den Einzelnen immer schwieriger wird, das eigene Leben als »lineare Erzählung« zu begreifen.

Das Ich wird in der Folge vom Individuum nur noch ironisch, unernst wahrgenommen. Und das Gefühl, ständig dem Risiko einer Entlassung oder sonstigen Veränderung ausgeliefert zu sein, führt beim zwangsflexibilisierten Menschen schließlich zu einem Grundgefühl der Angst: dem »Fürchten selbst«, wie Martin Heidegger gesagt hätte. Ich kann nicht behaupten, dass mir als freiberuflich arbeitendem, zwischen Genres,

Aufgabenfeldern und Arbeitgebern hin- und herspringendem Menschen eine solche Furcht ganz fremd wäre.

Und mitten in diese Gefühlsdisposition platzte nun (im wahrsten Sinne des Wortes: ein Blasensprung) vor nunmehr zehn Jahren unser erstes Kind. Ich weiß noch, einer meiner ersten Gedanken, nachdem der Endorphinrausch der Geburt verklungen und die Freudentränen etwas abgeebbt waren, lautete: Davon gibt es kein Zurück. Das hier ist unveränderbar, unwiderruflich. »Es ist die endgültigste Sache von der Welt, geboren zu sein«, wie Hans Blumenberg schreibt. »Es gibt keine Rückkehr.« Nicht nur für das Kind, das in die Welt geworfen wurde: Nein, auch für dich, den Vater.

In deinem künftigen Leben, so dachte ich, mag sich noch alles Mögliche ändern: Vielleicht überwirfst du dich mit deinen besten Freunden (hoffentlich nicht). Vielleicht zerbricht die Beziehung zu deiner Frau (Gott bewahre). Vielleicht ergreifst du ja doch noch einen anständigen Beruf (unwahrscheinlich, aber immerhin möglich). All das ist flexibel, verhandelbar – aber eines steht fest: Dieses kleine, entzückende Wesen wird für immer dein Kind sein. Auch wenn es einmal nicht mehr klein und entzückend ist, ja, selbst wenn es sich eines Tages von dir abwenden und den Kontakt für immer abbrechen sollte, würde es doch immer und unauslöschlich als Leerstelle in deinem Leben vorhanden sein.

Ein erschreckender Gedanke, zunächst; so viel Verbindlichkeit war ich einfach nicht gewohnt. Aber zugleich auch ein ungeheuer tröstlicher: Denn was erfordert mehr Loyalität und Pflichtgefühl ... Was schafft mehr zeitliche Kontinuität und Lebenslinearität ... Was könnte ernster und unironischer sein ... Ja, was macht im eigentlichen Wortsinn unflexibler, also unbeugsamer und beständiger, als ein Kind?

♀ SUPPLEMENT

Die österreichische Stadt Feldkirch im Jahr 2007. Ich
war damals mit unserer Tochter schwanger und auf
einer Veranstaltung eingeladen, der auch ein berühm-
ter österreichischer Schriftsteller beiwohnte. Dieser
Schriftsteller sagte damals zu mir (es war schon ein wenig Wein geflossen): »Wundern Sie sich nicht, wenn es
mit dem Sex bald vorbei ist. Sie werden keine Lust
mehr haben. Ihr Mann schon. Aber Sie nicht.«

♂ *Soso. Wer war denn der Siebengescheite?*

Ich weiß noch, wie ich auflachte: Ha ha, ich und keine
Lust! Da kenn' ich mich aber besser. Ein Kind bereichert die Liebe, ist ihr sichtbares Zeugnis, aber es
ersetzt sie doch nicht!, redete ich mich, stocknüchtern
wie ich war, in Rage – und überhaupt, diese Stereotype,
der willige Mann und die lustlose Frau, ein uralter To-
pos, der doch auch Ihnen, lieber Herr Schriftsteller,
bestens bekannt sein dürfte …

Noch heute sehe ich seinen amüsierten Gesichtsausdruck vor mir, diesen unerträglich wissenden Blick.

Neun Jahre später muss ich zugeben: Der Mann hatte recht – zumindest, was die erste Zeit nach der Geburt eines Kindes angeht. Denn ja, es gibt in sexueller Hinsicht eine Unwucht zwischen Müttern und Vätern. Begründet ist diese Unwucht durch die kaum zu leugnende, ungleich größere und – schnallt euch an, liebe Postfeministinnen – biologisch begründete körperliche Nähe zwischen Kind und Mutter in den ersten Lebensmonaten und -jahren (→ Natur).

Und wie zärtlich und unschuldig die Liebe zum Kind im Gegensatz zur geschlechtlichen ist! Wie bestätigend und erfüllend, um nicht zu sagen: sättigend – was uns zum Kern des Problems führt: Indem ein Kind die Liebe ergänzt, ersetzt es sie leider auch. Ein Tor, wer glaubt, ein Kind sei als Frucht der Liebe nur eine Bereicherung. Es ist auch ein Dieb. Ein Platzhirsch und Rivale.

Diese Zweischneidigkeit lässt sich am besten über den Begriff der Supplementarität begreifen, wie ihn der französische Philosoph Jacques Derrida in seinem Hauptwerk *Grammatologie* definierte. Der Begriff des Supplements (zu Deutsch: Ergänzung) hat nämlich zwei Dimensionen. Einerseits bedeute er »ein Surplus: Fülle, die eine andere Fülle bereichert, die Überfülle der Präsenz«. Was Derrida hier meint, lässt sich mit jeder Windelwerbung leicht illustrieren: Die Eltern betrachten mit glänzenden Augen die Frucht ihrer

Liebe, diesen kleinen süßen Puttenengel mit den dicken Beinchen, der in seiner Niedlichkeit die Beziehung bereichert wie das Sahnehäubchen den Apfelkuchen. Das Kind fügt etwas hinzu, wo vorher nichts war. So weit die positive Seite des Supplements.

Aber Derrida ist noch nicht fertig, denn Achtung, hier kommt die schlechte Nachricht: »Das Supplement supplementiert. Es gesellt sich nur bei, um zu ersetzen. Es kommt hinzu oder setzt sich unmerklich an – (die) – Stelle von; wenn es auffüllt, dann so, wie wenn man eine Leere auffüllt.« Was, wenn der Schlagobers besser schmeckt als der Kuchen? Wenn die Mütter, einmal auf den Geschmack gekommen, nach dem zweiten auch noch ein drittes oder viertes Kind haben wollen (ich selbst nehme mich da nicht prinzipiell aus), während ihre Männer sich unmerklich in eine belanglose Beilage verwandeln (→ Aufhören)?

Dieser Tendenz entgegenzuwirken ist eine hohe Kunst, die, wie mir scheint, in bestimmten Kreisen unserer gegenwärtigen Kultur durch einen falsch verstandenen Feminismus regelrecht torpediert wird (→ Weibliche Allmacht). Dabei hätten wir jetzt die Chance, diese Kunst auf dem Fundament der emanzipatorischen Errungenschaften zu schönster Entfaltung zu bringen. In Österreich und anderswo.

♂ SUBJEKTIVITÄT

Es beginnt eigentlich ganz harmlos, mit einem Wechsel vom Singular zum Plural: »Wir sind schwanger.« Das ist natürlich Unsinn: S. ist schwanger, ich bin es nicht und werde es niemals sein können – dennoch ist die Formel in meinem Bekanntenkreis durchaus üblich und ruft keinen besserwisserisch-biologistischen Widerspruch hervor. Schließlich signalisiere ich als Mann mit dieser wohlfeilen Sprachgeste meine uneingeschränkte Solidarität mit der rundlicher werdenden, unter Schwangerschaftsübelkeit, Rückenschmerzen und Schlaflosigkeit leidenden Gattin (→ Groteske Körper).

Es geht weiter mit dem vollständigen Verlust der ersten grammatikalischen Person, nicht nur in der Ein-, sondern auch der Mehrzahl, meist unmittelbar nach der Geburt: »Jaaaa, das ist dein Papa! Guck mal, was der Papa da macht! Der Papa muss jetzt deine Windeln wechseln, deinen Nabel desinfizieren, an deinen süßen Stinkefüßchen riechen! Der Papa macht dies, der Papa macht das, der Papa hat dich ganz doll lieb!« Ebenfalls Unsinn: Ich bin der Vater, ich liebe meine Tochter – dennoch quatsche ich wie weiland Julius Cäsar (sowie quasi alle mir bekannten Jungeltern), wenn ich mit dem Neugeborenen spreche und mich unbelauscht wähne, von mir selbst in der dritten Person.

Es folgt zu guter Letzt: der vollständige Perspektivwechsel. Zum Beispiel beim Formulieren der Geburtsanzeige. Oder wenn man ein Fotoalbum anlegt, ganz altmodisch und analog, man klebt Fotos des Neugeborenen ein, versieht sie mit Bildunterschriften – und ehe man sich's versieht, hat man sich in die mutmaßliche Gefühls- und Gedankenwelt des Säuglings begeben und dessen noch unartikulierte Äußerungen in Worte gefasst: »Holla, hier bin ich! 48 Zentimeter groß, 2250 Gramm schwer, geboren am 13. März. Kommt mich doch bald mal besuchen!« »Guckt mal, ich fühle mich in meinem neuen Strampelanzug pudelwohl!« »Meine Eltern sind total übermüdet, aber ich bin die ganze Nacht wach und mir geht's prima!«

Und damit ist es vollbracht: Die Selbstaufgabe ist vollzogen. Die Eltern haben das teuerste Gut, welches das moderne Subjekt kennt, nämlich ihr Ich-Bewusstsein, aufgegeben. *Non cogito, ergo non sum.* Sie sind fortan keine Individuen mehr, keine autonomen Persönlichkeiten mit eigenen Bedürfnissen, Wünschen und Gefühlen, sondern nur noch Anhängsel ihrer Kinder (→ Stammbaum). Folgerichtig verlieren sie auch ihre Eigennamen und werden beim Kinderarzt, beim Babyschwimmen, in der PEKiP-Gruppe fortan grundsätzlich nur noch über den Vornamen ihres Kindes identifiziert: »Sind Sie die Mama von der Kassandra?« »Kann der Samuel-Papa jetzt endlich mal aufhören zu quatschen und seinem Sohn die Schwimmflügelchen anziehen?«

Unsere Urgroßeltern, die von ihren Kindern noch untertänigst mit »Herr Vater« und »Frau Mutter« angeredet wurden, dürften ihren vermoderten Ohren nicht trauen – so sie sich nicht gleich im Grab umdrehen. Moderne Mütter und Väter ähneln zunehmend seelenlosen Zombies, Golems oder anderen Kreaturen, die sich vor allem durch eine Eigenschaft auszeichnen: Sie sind anderen Menschen bedingungslos gefügig. Und was das Schlimmste ist: Sie haben – wie Rabbi Löw in dem Stummfilm-Klassiker *Der Golem, wie er in die Welt kam* – ihre Herrinnen und Herren selbst erschaffen!

Wenn andere sie fragen: »Wie geht es dir?«, antworten sie automatisch mit: »Danke, den Kindern geht es gut.« Wenn sie Auskunft darüber geben sollen, wie ihr Wochenende war, erzählen sie stattdessen von den Verdauungsbeschwerden ihres Neugeborenen. Und wenn sie darüber schreiben wollen, wie sich ihre Subjektivität durch die Vaterschaft verändert und verkompliziert hat, dann schreiben sie von sich selbst in der dritten Person.

Denn natürlich meine ich, wenn ich »sie« schreibe, die ganze Zeit mich.

♂ UNSICHTBARKEIT

Meine Erfahrung als Mann: Mit der Geburt geht nicht nur die je eigene Subjektivität verloren – man verliert auch seinen Körper, seine Sexualität, seine Geschlechtsidentität. Am Deutlichsten zeigt sich dies ausgerechnet an jenen Orten, wo Eltern bemüht sind, ihren Kindern einen besonders körperlichen, gefühlsechten, unmittelbaren Zugang zur Welt zu vermitteln: beim Babyschwimmen und in der bereits erwähnten PEKiP-Gruppe.

Für alle, die noch nie das Vergnügen hatten: Die Abkürzung PEKiP steht für »Prager Eltern-Kind-Programm« und bezeichnet eine von dem tschechischen Psychologen Jaroslav Koch in den Siebzigerjahren entwickelte Form der Säuglingsfrühförderung. Die Eltern sitzen, fläzen, krabbeln mit ihren Kindern dabei gemeinsam auf dem Boden herum und bekommen von der Gruppenleiterin verschiedene Sinnes-, Spiel- und Bewegungsangebote unterbreitet. Die Babys sind in der Regel splitternackt, weshalb der Raum erstens maßlos überheizt und zweitens mit Plastikfolie ausgelegt ist, was ihm ein ungewollt schlüpfriges Ambiente verleiht; billige Stundenhotels und Porno-Drehorte, so stelle ich mir vor, dürften ähnlich wohltemperiert und abwaschbar ausgestaltet sein.

♀ *Interessante Assoziation: Klingt mir jetzt nicht so, als wäre das Sexuelle gänzlich ausgeblendet. Stellt F. sich in den Tiefen seines Unbewussten vor, wie es wäre, wenn die Kinderchen mal kurz alle verschwänden? Könnte jedenfalls durchaus eine Idee für eine neue Sparte sein: der PEKiP-Porno.*

Die Eltern sind natürlich bekleidet, legen aber im Laufe der PEKiP-Einheit wie beim Strip-Poker allmählich Schicht für Schicht ab, einfach weil der Raum so unerträglich warm und stickig ist. Außerdem wollen die Babys ja auch hin und wieder gestillt werden, weshalb immer wieder T-Shirts hochgeschoben, Büstenhalter gelockert, pralle Brüste entblößt werden (außer natürlich von mir, ich muss mich verschämt mit Babybreilein sowie einem Fläschchen mit aufgewärmter Milch behelfen). Trotzdem ist die Atmosphäre in keinster Weise sexualisiert, was einerseits natürlich zu begrüßen und auch mir sehr angenehm ist, andererseits aber eingehender Betrachtung verdient: Schließlich gibt es wohl kaum einen Ort, an dem man als Mann allein zwischen halb nackten Frauen herumsitzen kann, ohne dass die Situation erotisch aufgeladen wäre.

Allenfalls das Babyschwimmen: Hier tummele ich mich mit einem Dutzend *yummy mummys* auf engstem Raum im pullerwarmen Wasser – und wäre die Rahmung eine andere, würde ich wohl schon mal einen *male gaze* riskieren, aber ich schaue natürlich nur diskret meiner Tochter beim Wasserstrampeln zu, und wenn ich die Situation richtig deute, komme ich in der Wahrnehmung der anwesenden Mütter ebenfalls kaum vor. Ich plätschere halt so mit. Während sie sich über Rückbildungsgymnastik, Schwangerschaftsstreifen und Probleme beim Stillen unterhalten, stehe ich unsichtbar daneben. Ich bin, um mit dem Titel des Romans von Ralph Ellison zu sprechen, ein *Invisible Man*.

Der Grund hierfür dürfte wohl darin zu suchen sein, dass ich, sowohl beim PEKiP als auch beim Babyschwimmen, häufig der einzige Mann bin (beim Schwimmen habe ich wenigstens hin und wieder die Gesellschaft von einem netten Tschechen; wenn andere Väter mit in die Halle kommen, beschränken sie sich meist darauf, am Beckenrand zu stehen und Fotos von ihren planschenden Kindern zu machen). Anders gesagt: Ich erfahre als weißer, heterosexueller Mann endlich auch einmal, wie es ist, eine Minderheit zu sein. Ich werde zwar nicht diskriminiert, aber doch weitgehend ignoriert.

♀ *Hier ist natürlich ein entscheidender Unterschied zu be-*
nennen: Frauen, die in Männersphären eindringen, werden
durchaus als sexuelle Wesen wahrgenommen. Männer, die in
Frauensphären eindringen, offenbar nicht. Man stelle sich
die Babyschwimmkurs-Situation in umgekehrter Besetzung
vor. Fünfzehn Männer in Badehose, mittendrin eine halb-
nackte Frau: die klassische Gangbang-Arithmetik; natür-
lich wäre das weibliche Wesen das Sexualobjekt schlechthin.
Frauen aber sind offenbar überhaupt nicht daran interessiert,
einen Mann in ihrer Mitte zum Gegenstand ihres Begehrens
zu machen, ihn mit Blicken zu penetrieren. Sie übersehen ihn
einfach. Auch wenn ich meinen Mann jetzt nicht als knuspri-
ges Frischfleisch anpreisen will, muss ich doch sagen: schade!

Ich bin ein Fremdkörper, der an den für die hege-
moniale Mehrheit maßgeblichen Diskursen nicht teil-
haben kann, schlicht weil mir die körperlichen Merk-
male dazu fehlen. Das nimmt eine Entwicklung
vorweg, die uns weißen heterosexuellen Männern (im
Folgenden: WHM) über kurz oder lang auch in vielen
anderen Kontexten blühen dürfte. Wir sind nämlich,
seien wir ausnahmsweise mal realistisch, ein Auslauf-
modell.

Jahrtausendelang stellten hellhäutige, auf anders-
geschlechtliche Artgenossen fixierte Männchen der
Gattung *Homo sapiens* die dominante Lebensform auf
unserem Planeten dar – doch inzwischen ist unsere

Vormachtstellung ins Rutschen geraten. Mit dem nach dem Zweiten Weltkrieg einsetzenden Dekolonialisierungsprozess nahm der Einfluss der Weißen ab; mit der Gay-Rights-Bewegung der Alleinstellungsanspruch der Heterosexuellen; mit der Emanzipation der Frauen die männliche Vorherrschaft; mit der Reproduktionsmedizin unsere Vaterrolle, die reduziert wird auf eine klägliche Spenderfunktion. WHMs wie ich sind inzwischen nur eine Gruppe unter vielen. Gut möglich, dass es in einigen Jahren auch auf dem Arbeitsmarkt so zugeht wie heute in einem PEKiP-Kurs.

Das Besondere daran: Wir dürfen uns, zumindest zum jetzigen Zeitpunkt, nicht einmal darüber beschweren. »Angesichts (ihrer) Diskriminierungsgeschichte und angesichts ihrer auch gegenwärtig noch dominanten und geschonten Stellung erscheint jeder Versuch der WHM, sich als Opfer umzudeuten, im besten Fall wehleidig, im schlimmsten Fall reaktionär und ressentimenthaft«, schreibt der Philosoph Luca Di Blasi in seinem Buch *Der weiße Mann*. Das heißt: Wir WHMs müssen einerseits unseren Universalismusanspruch aufgeben, können also nicht mehr so tun, als seien wir der Mittelpunkt der Welt – andererseits können wir aber auch nicht auf unseren partikularen Status als eine Gruppe unter anderen verweisen. Wir sind die wohl einzige Minderheit, die sich nicht als solche definieren darf.

Was also tun? Nun, kurzfristig würde ich sagen: Augen zu und durch! Ich selbst habe beim Babyschwimmen etwa die Technik entwickelt, meine Tochter mit ausgestreckten Armen über Wasser zu halten und währenddessen so lange wie möglich unterzutauchen, um als der Fremdkörper, der ich bin, zumindest für ein paar Sekunden tatsächlich zu verschwinden. Langfristig aber wäre zu prüfen, ob Männer ihren Platz in PEKiP-Kursen genauso finden können wie Frauen ihren Platz in Chefetagen. Denn erst wenn in beiden Bereichen ein ausgeglichenes Geschlechterverhältnis herrscht, werden wir uns wirklich mit offenen Augen begegnen können.

♂ ANTIAPOKALYPSE

Nach der Geburt unserer Tochter schickte mir meine
Mutter einen Brief. Das geschieht nicht mehr allzu
oft – nicht weil wir so wenig Kontakt hätten, sondern
weil auch in der Generation meiner Eltern die elektro-
nischen Medien die Kohlenstoffkommunikation an
den Rand gedrängt haben. Ich freute mich jedenfalls
sehr über die Worte in Tinte auf Papier; besonders be-
rührte mich ein Satz: nämlich die Aussage, dass sie,
meine Mutter, es schön finde, Großmutter zu werden,
weil das ein Zeichen dafür sei, dass »es irgendwie weitergeht«.

So wie ich meine Mutter kenne, meinte sie das nicht
genealogisch, also in dem Sinn, dass die Linie unserer
Familie fortgesetzt werde, dass das altehrwürdige Geschlecht der Werners nicht aussterben darf. Ich glaube,
sie meinte das eher allgemein (wofür auch die Verwen-
dung des Wörtchens »irgendwie« spricht): also dass
die Geburt unserer Tochter ein Zeichen dafür sei, dass
das menschliche Dasein an sich nicht endet, dass es
auch in der nächsten Generation (und hoffentlich auch
der übernächsten und überübernächsten) erhalten

bleibt. Mit Arthur Schopenhauer könnte man sagen: Sie freute sich, dass der schiere Fortpflanzungs- und Durchsetzungsdrang der Gattung, der »Wille zum Leben« triumphiert.

Etwas theologischer könnte man auch formulieren: Der Anfang siegt über das Ende, das Alpha über das Omega, die Schöpfung über den Weltuntergang. Es war Hannah Arendt, die das Ereignis der Geburt – diese eigentlich undenkbare *creatio ex nihilo* – als innerweltliche Imitation der göttlichen Welterschaffung deutete. »Wegen dieser Einzigartigkeit, die mit der Tatsache der Geburt gegeben ist, ist es, als würde in jedem Menschen noch einmal der Schöpfungsakt Gottes wiederholt und bestätigt«, schreibt sie in *Vita activa*. Und in »Verstehen und Politik« notiert sie im Anschluss an eine Äußerung des heiligen Augustinus: »Wenn die Erschaffung des Menschen mit der Erschaffung eines Anfangs im Universum zusammenfällt (...), dann bestätigt die Geburt einzelner Menschen, welche neue Anfänge sind, den Ursprungscharakter des Menschen derart, daß der Ursprung niemals mehr ganz und gar zu einer Angelegenheit der Vergangenheit werden kann; während andererseits gerade die Tatsache, daß in der Generationenfolge eine erinnerungswürdige Kontinuität dieser Anfänge besteht, eine Geschichte garantiert, die niemals enden kann, weil sie die Geschichte von Geschöpfen ist, deren Wesen der Anfang ist.«

Anders gesagt: Die Geschichte der Menschheit ist eine Geschichte unzähliger kleiner Welterschaffungen; der Anfang des Buches Genesis wird tagtäglich, in jeder Sekunde, da ein Kind geboren wird, neu geschrieben. Und weil dem so ist, werden wir im Buch des Lebens nie bis zum letzten Kapitel vorstoßen (das bekanntlich den Namen »Apokalypse« trägt), sondern stets in kreativer Anfänglichkeit verharren. Solange Kinder geboren werden, ja, gerade *weil* Kinder geboren werden, kann unsere Welt nicht zu Ende gehen. Die Menschheit ist dank ihrer Fortpflanzungsfähigkeit antiapokalyptisch.

Das klingt so verführerisch und tröstlich, dass ich umgehend meinen vor Jahren verlorenen Glauben zurückerlangen und lauthals in Halleluja-Gesänge einstimmen könnte – wenn, ja wenn Arendts Befund nicht so radikal allen Prognosen zu den politischen, ökologischen und sozialen Folgen des Bevölkerungswachstums widerspräche. Derzeit leben auf unserem Planeten etwa sieben Milliarden Menschen, Mitte des Jahrhunderts könnten es bereits über neun Milliarden sein – Populationsforschern zufolge wären eineinhalb Milliarden ideal. Mit jedem neuen Kind, das geboren wird, wächst der ökologische Fußabdruck, den wir als Menschheit auf dem Planeten hinterlassen, sowie das Risiko von sozialen Spannungen, Hungersnöten, Kriegen, Pandemien. Folgt man dieser düsteren Prognostik, gibt es kein besseres Rezept zur Beschleunigung des Weltuntergangs als die Elternschaft. Die Geburt eines Kindes wäre demzufolge keine »Garantie des Heiles in der Welt«, wie Hannah Arendt meinte, sondern eine Garantie für deren Krankheit und Zerstörung. Sie markierte keinen Anfang, sondern das Ende.

Was also tun? Das Dilemma besteht ja darin, dass ein Verzicht auf Nachwuchs global betrachtet zwar die sinnvollste Lösung wäre – dass er aber auch einen denkbar rigorosen Verzicht auf persönliches Glück und individuelle Lebensverwirklichung bedeutet (so man denn gewillt ist, Elternschaft als Glück und Selbstverwirklichung zu begreifen).

Damit einher geht das Paradox, dass die Hervorbringung neuer Erdenbürger zwar in der Summe das Heraufziehen globaler Katastrophen beschleunigen mag – dass die individuelle Elternschaft andererseits aber eine denkbar mächtige Motivation dafür darstellt, den Weltuntergang möglichst lange hinauszuzögern: Für wen sollte man die Umwelt bewahren, wenn nicht für die eigenen Kinder und Enkel? Eine Welt, die gänzlich auf einen Neuanfang qua Geburt verzichtete, eine Menschheitsgeneration also, die sich als die letzte auf Erden begreift und, in den Worten des Single-Philosophen Peter Sloterdijk, »sich selbst als einen Endzustand der Evolution genießt«, stelle ich mir unerträglich vor.

Womöglich liegt der Weg also, wie so oft, in der goldenen Mitte. In einem steten Abwägen zwischen globalen und individuellen Bedürfnissen. In einer Beschränkung auf die Zahl der Anfänge (durchschnittlich 2,3 Kinder pro Familie gelten populationswissenschaftlich als gerade noch so vertretbar). Und in der Erziehung der nächsten Generation zu einem nachhaltigen, Ressourcen schonenden Lebensstil, der das Ende der Welt möglichst lange hinauszögert.

Abgesehen davon kann man nur hoffen, dass es weitergeht. Irgendwie.

♀ WEIBLICHE ALLMACHT

»Natürlich bekommt unser Kind meinen Nachnamen!« Als unser erstes Kind geboren wurde, war das noch meine felsenfeste Überzeugung. Wie viele andere moderne Ehepaare hatten F. und ich bei der Eheschließung unsere Nachnamen behalten. Und wie vielen anderen Menschen, die sich für fortschrittlich halten, schien uns damals klar: Männer haben lange genug ihren Namen weitergereicht. Jetzt sind endlich einmal die Frauen an der Reihe – zumal sie es sind, die das Kind in sich tragen und unter Schmerzen gebären. Ist es nicht nachgerade widernatürlich, dass der Mann das Kind danach, durch die Weitergabe seines Nachnamens, symbolisch kapert? Durch und durch begrüßenswert ist das Recht auf weibliche Namensvererbung. Vier Tage nach der Geburt, noch im Krankenhaus, ließen wir gemäß § 1617 BGB meinen Nachnamen in die Geburtsurkunde eintragen – den Namen der Mutter.

Doch wie das so ist mit felsenfesten Überzeugungen: Manchmal erweisen sie sich als falsch. Erste Zweifel kamen mir, als unsere Tochter ein knappes Jahr alt war. Ich hatte das diffuse Gefühl, mir durch die

Weitergabe meines Namens viel zu viel unter den Na-
gel gerissen zu haben. Heute würde ich sagen: Ich ver-
wechselte Feminismus mit Allmacht. Warum sollte
aus der biologischen Tatsache, dass Frauen Kinder gebären, das moralische Recht folgen, ihnen auch den
Nachnamen zu vererben? Das Gegenteil ist der Fall.
Hier die drei entscheidenden Argumente.

Erstens: Dass nur Frauen schwanger werden und
gebären können, ist gerade kein Argument gegen, sondern für den väterlichen Namen. Die Frau hat qua
→ Natur innerhalb der Familie ohnehin eine heraus-
ragende Stellung: Ihre leibliche Beziehung zum Kind
ist – anders als diejenige des Vaters – unbezweifelbar.
Mater semper certa est, wie ein altes Rechtssprichwort
besagt. Aus gutem Grund gibt es keine Mutterschafts-
tests, sehr wohl aber Vaterschaftstests; aus gutem
Grund müssen bei unverheirateten Paaren zwar Väter,
nicht aber Mütter ihr Kind formal anerkennen.

Wenn die Frau nun auch noch über den Nachnamen mit dem Kind symbolisch verbunden ist, erwei-
tert sich die weibliche Macht, dehnt sich aus – und
drängt den Mann an den Rand. Die Mutter-Kind-Sym-
biose wird verfestigt und zusätzlich im Namen reprä-
sentiert: Diese beiden gehören zusammen. Sie sind der
Kern, die Essenz, das Wesentliche. Der Vater hat das
Nachsehen und ist nicht mehr als eine – im Grunde
austauschbare – Nebensache (→ Supplement).

Zweitens: Die Natur als Argument für die mütterliche Namensvererbung anzuführen ist gerade aus feministischer Perspektive höchst unplausibel. Nicht nur dient »die Natur« seit jeher Traditionalisten als Vorwand und damit der Verfestigung respektive Biologisierung von Geschlechterrollen: »Frauen sind dazu gemacht, Kinder zu kriegen, ihr angestammter Platz ist der Herd«, etc. Übersehen wird auch und vor allem die schlichte Tatsache, dass nichts an einem gelungenen Geschlechterverhältnis, nichts an einem befriedigenden, beglückenden Familienleben »natürlich« ist. So kommt klarerweise dem Vater (wem sonst?) die Aufgabe zu, die biologisch begründete symbiotische Beziehung zwischen Mutter und Kind zu dynamisieren und zu öffnen, indem er sich als Dritter im Bunde ins Spiel bringt. Das kann er aber nur, wenn die Frau ihn lässt – und ihm eine Position zugesteht, die ebenso potent ist wie ihre eigene.

Genau hier kommt die symbolische Kraft des Nachnamens zum Tragen: Der sichtbaren und unbezweifelbaren körperlichen Beziehung zwischen Mutter und Kind wird eine symbolische Verbindung entgegengestellt. Das heißt keineswegs, dass Väter nur durch den Namen mit ihrem Kind verbunden sind, und nicht auch körperlich und emotional. Ein ernst zu nehmendes Gegengewicht zur mütterlichen Macht kann der Mann aber nur sein, wenn ihm eine Potenz zugestanden wird, die nur ihm zukommt; definierte er seine Position allein emotional-körperlich, wäre er nicht mehr als eine defizitäre Frau.

Drittens: Selbstverständlich ist der Besitz von Rechten die Voraussetzung für eine starke, gleichberechtigte weibliche Existenz. Doch Stärke resultiert nicht nur aus der Inanspruchnahme dieser Rechte, sondern zeigt sich auch durch das gerade Gegenteil: die Fähigkeit zur → Gabe. Väter haben heute nicht mehr automatisch das Privileg der Namensvererbung. Die Zeit des Patriarchats ist vorbei. Wenn Frauen also bewusst und aus guten Gründen von ihrem Recht absehen, dem Kind ihren Nachnamen weiterzugeben, dann ist das kein Rückfall in alte Zeiten, sondern ein freier, ja freigiebiger, souveräner Akt.

Als unsere Tochter drei Jahre alt war, ließen wir auf meinen Wunsch und mein Drängen hin ihren Nachnamen standesamtlich ändern. Seitdem heißt sie – und folglich auch ihr kleiner Bruder – mit Nachnamen so wie ihr Vater. Der einzige Haken an der Sache: F. trägt diese Entscheidung nur um meinetwillen mit. Er selbst hatte als Nicht-Namensgeber keineswegs das Gefühl, ausgeschlossen zu sein. Versteh einer die Männer.

♂ MÄNNLICHE OHNMACHT

Ich selbst war nicht dabei, als S. den Antrag auf Änderung des Nachnamens unserer Tochter stellte. Aber nach allem, was sie mir erzählte, muss die arme Standesbeamtin sehr verwirrt gewesen sein. Viele Paare, die – wie wir – unterschiedliche Nachnamen tragen, streiten sich ja darum, nach wem die gemeinsamen Kinder benannt werden sollen. Dass beide Elternteile den eigenen Namen partout nicht weitervererben wollen, ja, dass ausgerechnet die Mutter ihren Geburtsnamen dem eigenen Kind wieder nehmen lassen möchte, dürfte in der Geschichte des deutschen Namensrechts ziemlich einmalig sein.

♀ *»Dem eigenen Kind wieder nehmen lassen möchte«: Das klingt für mich auffällig nach Rabenmutter. Wie kann sie nur dem Kind den Namen wieder nehmen und damit die symbolische Verbindung kappen? Mir ging es bei diesem Akt aber nicht, wie F. sehr wohl weiß, um einen (egoistischen) symbolischen Rückzug aus der Mutter-Tochter-Beziehung, sondern darum, F. ins Spiel zu bringen und ihm zu ermöglichen, seinen Namen zu vererben, aus ebenden*

Gründen, die ich in → Weibliche Allmacht formuliere. Und
um es noch mal klar zu sagen: Zwei kleine Flaßpöhlers hät-
ten mir natürlich sehr gefallen, aber es geht eben nicht nur
um mich.

Erst seit dem Gleichberechtigungsgesetz von 1957
können Frauen ihren Geburtsnamen – allerdings nur
als »Namenszusatz« (Frau Werner-Flaßpöhler) – in
der Ehe weiterführen. Seit 1977 können Männer den
Familiennamen der Frau annehmen. Die Möglichkeit,
für die wir uns entschieden haben, nämlich unterschiedliche Nachnamen zu führen, besteht überhaupt
erst seit 1994. Vor weniger als einer Generation wäre
der Konflikt, den S. und ich austragen, gar nicht möglich gewesen. Für unsere Großeltern dürfte er weitgehend unverständlich sein.

Zugegeben: Ich hatte den Antrag auf Namensänderung unterschrieben (sonst wäre ihm auch gar
nicht stattgegeben worden), aber nur unter Protest
und nach ungezählten, sich über Monate hinziehen-
den Diskussionen am Frühstückstisch, in denen S. mir
die im vorangehenden Kapitel aufgeführten Argumente immer und immer wieder mit zunehmender
Verve aufs Brötchen schmierte. Irgendwann habe ich
sie geschluckt; so richtig schmecken tun sie mir bis
heute nicht.

♀ *Bis heute frage ich mich, warum F. sich in dieser Sache so windet. Freut es ihn überhaupt nicht, dass die Kinder seinen Namen tragen? Ich kann das nicht glauben. Ich kenne einige Väter – und F. auch –, die darunter leiden, dass ihre Kinder nicht so heißen wie sie.*

Zum einen und ganz profan: Ich nenne meine Kinder ohnehin nur beim Vornamen. Wie sie mit Zunamen heißen, ja, dass sie inzwischen denselben tragen wie ich, wird mir eigentlich nur bewusst, wenn ich mit ihnen beim Arzt bin und die Versichertenkarte vorlegen muss, oder bei allfälligen Behördengängen. Die Beziehung zu meiner Tochter war schon vor der Namensänderung sehr innig und hat sich dadurch, dass sie mit einem Mal so hieß wie ich, in keiner Weise geändert.

Zum anderen messe ich Namen schlicht keine so enorme symbolische Bedeutung zu wie S. Dass Worte zu den Personen oder Dingen, die sie bezeichnen, eine rein arbiträre Beziehung unterhalten, dürfte spätestens seit den zeichentheoretischen Überlegungen von Ferdinand de Saussure bekannt sein. Namen sind, um ein altes Goethe-Wort zu verwenden, nur »Schall und Rauch«: Manche schallen besser, andere schlechter – letztendlich handelt es sich bei ihnen aber nur um willkürliche Setzungen, die nicht dazu geeignet sind, das Wesen des Bezeichneten zu verändern.

♀ *Wirklich erstaunlich, wie sehr sich F. – dazu noch als Kulturwissenschaftler! – gegen die Macht des Symbolischen wehrt. Der Nachname hat keine Bedeutung? Signalisiert er nicht Zugehörigkeit und Abstammung, ist ein untrügliches Zeichen der eigenen Herkunft? Wenn Namen wirklich nur Schall und Rauch sind, warum macht F. dann einen solchen Aufstand? Könnte ihm die Umbenennung unserer Tochter dann nicht herzlich wurscht sein? Und warum hat er nicht nach unserer Heirat einfach meinen Namen angenommen?*

In einer »Notiz über Namen« aus dem Jahr 1930 schreibt zwar Theodor W. Adorno: Wenn die »Linien unseres Schicksals« sich zum unentwirrbaren Netz verstrickten, dann seien Namen »die Siegel, die der Lineatur aufgeprägt werden; die sie vor unserem Zugriff schützen (…), indem sie uns Initialen vorhalten, die wir nicht verstehen, aber denen wir gehorchen.« Das ist so schön und suggestiv formuliert, dass ich beinahe zustimmen möchte, und mag in Zeiten, als die Gesellschaft noch stärker stratifikatorisch organisiert war (der Name also noch deutlich auf die Herkunft verwies und damit auch die Zukunft mitbestimmte), zutreffend gewesen sein. Heute jedoch, in Zeiten enormer sozialer und geografischer Mobilität, erfüllen die »Initialen« keine solche identifikatorische Funktion mehr. Man kann einen alten westfälischen Bauernnamen tragen – der Nachname von S. bedeutet so viel wie Flachspuhler – und trotzdem als promovierte Philosophin in Berlin leben.

♀ *Ja, natürlich kann ich das. Aber meine Herkunft ist dennoch bedeutsam und sie manifestiert sich nicht zuletzt in meinem Namen. Nie würde ich ihn aufgeben!*

Um es kurz zu machen: Der Nachname der Kinder scheint mir über keine sprachmagische Kraft zu verfügen, die geeignet wäre, die familiäre Konstellation zu beeinflussen. Das lehrt schon die historische Erfahrung: Väter haben etliche hundert Jahre ihren Namen an den Nachwuchs weitergereicht, ohne dass sie dadurch in irgendeiner Weise die (ganz zweifellos bestehende) symbiotische Beziehung zwischen Mutter und Kind dynamisiert oder geöffnet hätten. Im Gegenteil, oft genug waren sie weitestgehend abwesend. Die Frau blieb (und bleibt) im bürgerlichen Familienmodell bekanntlich brav daheim und kümmert sich um Küche und Kinder, ganz egal, wie diese nun hintenrum heißen mögen.

Wenn Väter der starken leiblichen Beziehung der Mutter zum Kind etwas entgegensetzen wollen (und das sollten sie!), dann müssen sie ihr Kind wickeln, waschen, füttern, ins Bett bringen, ihm vorlesen, mit ihm spielen, singen, schmusen und vieles mehr – ihm den eigenen Geburtsnamen weiterzureichen ist weder ein besonders überzeugendes Zeichen der Zuneigung noch ein Signum der Potenz.

♀ *Hier liegt klar ein gedanklicher Fehler vor. Um die symbiotische Verbindung von Mutter und Kind zu öffnen, bedarf es nicht primär der Anwesenheit, sondern der Macht des Vaters, diese Öffnung zu vollziehen. Manche Männer schlumpfen den ganzen Tag um ihre Frauen und Kinder herum, ohne auch nur die geringste Öffnung zu bewirken. Im Gegenteil kreisen sie hilflos um das mächtige Gestirn aus Frau und Kind, verglühen kläglich an der Peripherie. Tatsächlich sind abwesende Väter nicht selten potenter als anwesende – womit ich nicht sagen will, dass ich mir einen abwesenden Vater wünsche, sondern lediglich, dass Männer nicht so tun sollen, als bräuchten sie keinen symbolischen Support.*

Abschließend sei nur bemerkt: Der Schuss ging leider nach hinten los. Gerade im Bestreben loszulassen hat S. unsere Tochter symbolisch noch enger an sich gefesselt – die Frage, warum sie nicht mehr so heißt wie Mama, sondern den langweiligen Namen ihres Vaters trägt, ist seit der Namensänderung bei uns ein drängendes und wiederkehrendes Thema.

♀ *Stimmt. Aus meiner Sicht liegt das aber maßgeblich daran, dass F. die Rolle als Namensgeber nicht annimmt und*

bei unserer Tochter somit lediglich das Gefühl bleibt, etwas
verloren zu haben – und nichts gewonnen.

Schluss jetzt! Nur noch diese letzte Anmerkung: Es entbehrt nicht einer gewissen Ironie, dass S. gerade im Bestreben, ihre → weibliche Allmacht zu beschneiden, ihren Willen durchgesetzt – und also mit Nachdruck ihre Allmacht demonstriert hat. Versteh einer die Frauen.

♂ GEMEINSCHAFT

Beim Windelnwechseln die schlagartige Erkenntnis: Die Exkremente meiner Tochter stinken nicht!
Okay, sie duften auch nicht besonders gut; ich würde
sie mir nicht gerade unter die Nase reiben wollen
oder gar, wie ein begeisterter Vater im Hinblick
auf den Milchschiss seines Neugeborenen einmal
erzählte, mir als Aufstrich aufs Brot schmieren ...
aber zumindest riechen sie nicht ganz so schlimm wie
die Exkremente anderer Babys. Wer schon einmal
ein fremdes Kind gewickelt hat, wird wissen, was ich
meine.

Die Einsicht, dass der Geruch unserer Ausscheidungen radikal unterschiedlich bewertet wird, je
nachdem von wem sie stammen, ist nicht neu und,
um im Bilde zu bleiben, nicht auf meinem Mist ge-
wachsen. Schon im alten Rom kursierte das Sprich-
wort: *stercus cuique suum bene olet*, zu Deutsch: Der eigene
Kot riecht jedem wohl. Der französische Schriftsteller Michel de Montaigne dichtete entsprechend im
16. Jahrhundert: »Unser liebster Duft, was ist es? /
Der Gestank des eignen Mistes!« Und Sigmund Freud

konstatierte, in weniger humoristischer Absicht, dass der »Geruch der eigenen Exkremente« dem Menschen trotz aller Entwicklungsfortschritte kaum anstößig sei, sondern »immer nur der der Ausscheidungen des anderen«. Neu war für mich allerdings die Erkenntnis, dass diese tolerante Einstellung gegenüber dem Kotgeruch sich auch auf die Ausscheidungen der eigenen Kinder erstreckt. Offenbar verbindet meine Kinder und mich ein sprichwörtlicher Stallgeruch, ein gemeinsames Familienaroma – welche Duftnoten hier genau genetisch weitergegeben werden, mögen wackere Biochemiker klären.

Rein pragmatisch betrachtet ist eine solche innenfamiliäre Geruchstoleranz natürlich zu begrüßen, erleichtert sie das tägliche Windelnwechseln doch ungeheuer. Was mich erschütterte und beschämte, war allerdings die latent reaktionäre, ja protofaschistische Note, die in meinem olfaktorischen Erleben mitschwang. Um zu erklären, was ich meine, muss ich eine Unterscheidung einführen, die der Soziologe Ferdinand Tönnies Ende des 19. Jahrhunderts prägte: nämlich die zwischen »Gemeinschaft« und »Gesellschaft«.

Hierbei handelt es sich Tönnies zufolge um zwei grundverschiedene Formen menschlichen Zusammenlebens. Gemeinschaft beruht stets auf familiärer, verwandtschaftlicher, geografischer Nähe. Ihr Ort ist die Familie, der Hof, das Dorf oder allenfalls die Kleinstadt, in der man notgedrungen miteinander verbunden ist und ähnliche Werte und Gesellschaftsvorstellungen teilt. Die Gesellschaft hingegen ist weiträumiger, umfassender: Sie stellt eine Sphäre komplexer sozialer Beziehungen dar, in die man nicht einfach hineingeboren wird, sondern in die man einwilligt. Ihr Ort ist die moderne Großstadt, mithin stellt sie die zeitgemäßere Form der beiden Gruppierungen dar: Historisch gesehen könne die Bewegung von der Gemeinschaft hin zur Gesellschaft, so Tönnies, »begriffen werden als Tendenz von ursprünglichem (einfachem, familienhaftem) *Kommunismus*« zum »*unabhängigen* (großstädtisch-universellen) *Individualismus* und dadurch gesetzten (staatlichen und internationalen) *Sozialismus*«.

Nun wollen S. und ich unsere Kinder selbstverständlich nicht zu provinziell-engstirnigen Gemeinschaftstieren erziehen, sondern zu unabhängigen, urbanen oder gar kosmopolitischen Mitgliedern der Gesellschaft; zumal der Begriff Gemeinschaft seit den 1920er-Jahren auch von gegenmodernen Strömungen wie der Jugendbewegung und später den Nationalsozialisten ideologisch missbraucht wurde. Und natürlich haben wir den Anspruch, hoch soziale Individuen in einer postmodernen, polykulturellen Gesellschaft zu sein, auch an uns selbst.

Und mitten in all diese hehren Ansprüche platzte mir nun beim Wickeln der denkbar basalste, atavistischste, anti-sozialste Herdeninstinkt überhaupt: Meine eigene Brut riecht gut – alle anderen Bälger stinken. Runter von meinem Baum! Pfoten aus meiner Wasserstelle! Ugga-ugga. Ein schwerer Rückfall in die tribalistische Vor- und Frühzeit, ins schlichte, rückenmarksgesteuerte Herdendenken, in die Ursuppe der Gemeinschaft. Müsste ich nicht, um ein gutes, tolerantes Mitglied der Gesellschaft zu sein, die Exkremente anderer Kinder genauso wohlriechend finden wie die meiner eigenen? Oder mich umgekehrt vor den Ausscheidungen meiner Tochter genau so ekeln wie vor denen fremder Menschen?

Nun: Ekel ist, wie schon Immanuel Kant wusste, eine »starke Vitalempfindung« und als solche nur schwer durch gute Vorsätze zu beeinflussen. Wir können ihn uns nicht einfach an- und aberziehen oder aus soziopolitischen Gründen ignorieren. Aber: Wir müssen dieser dumpfen Empfindung auch nicht widerspruchslos Folge leisten. Wir können feststellen, dass andere Kinder für unsere Nase subjektiv schlechter riechen – und sie trotzdem sauber machen. Wir können uns denken, dass es anderen Eltern in Bezug auf unsere vermeintlich nach Maiglöckchen duftenden Kinder umgekehrt genauso geht. Und wir können – als denkende, halbwegs zivilisierte Zweibeiner – immerhin sehr ernsthaft versuchen, Fremde und uns gesellschaftlich Fernstehende genauso zu behandeln wie unsere Nächsten. Auch wenn uns das manchmal stinkt.

♀ REUE

Ich bereue es, Mutter geworden zu sein. So ließe es sich übersetzen, das feministische Schlagwort: *Regretting motherhood*. In die Welt gesetzt hat es die israelische Soziologin Orna Donath mit ihrer gleichnamigen Studie, in der sie Frauen zu Wort kommen ließ, die ihre Mutterschaft, wenn sie könnten, wieder rückgängig machen würden. Die Mütter gaben an, ihre Kinder zwar zu lieben, aber das Muttersein zu hassen. Auf die Frage »Wenn Sie die Zeit zurückdrehen könnten, mit Ihrem heutigen Wissen und Ihrer Erfahrung, würden Sie dann noch mal Mutter werden?«, antworteten die befragten Frauen allesamt mit: Nein.

Dass Donath mit der althergebrachten Mär von der glücklichen Glucke aufräumt, ist zunächst einmal zu begrüßen. Schließlich verändern Kinder das Leben grundlegend, und naturgemäß nicht nur zum Besseren. Kinder schränken die → Freiheit ein. Kinder (oder besser gesagt: eine verfehlte Familienpolitik sowie traditionelle Rollenbilder) veranlassen Frauen, ihre Berufe aufzugeben. Kinder führen nicht selten zu Trennungen vom Partner. Alles nicht einfach.

Aber: Die eigene Mutterschaft zu bereuen ist, bei Lichte betrachtet, pure Energieverschwendung – und darüber hinaus auf typisch weibliche Weise selbstgeißelnd. Hätte ich doch nur …! Oder besser: Hätte ich doch nur nicht …!, so klagt die Unglückliche ihr Leid. Allein, wie man weiß: Es hilft nichts. Die Vergangenheit steht da wie ein Monolith, unverrückbar – die bereuende Frau rennt sich an ihm gleichsam den Schädel ein. Bumm. Bumm. Und noch einmal: Bumm. Die meisten Männer würden sich für ein unabänderliches Weh vermutlich wenigstens rächen. Auch wenn im Fall der Elternschaft unklar ist, wie und an wem diese Rache geübt werden sollte.

Warum letztlich beide Wege, Reue und Rache, in die Irre führen, zeigt Friedrich Nietzsche in seiner Schrift *Also sprach Zarathustra* – und legt seinem titelgebenden Eremiten eine viel stärkere, in die Zukunft weisende Lösung in den bärtigen Mund. Der menschliche Wille, so verkündet Zarathustra, leide daran, »daß er die Zeit nicht brechen kann … Daß die Zeit nicht zurückläuft, das ist sein Ingrimm; ›das, was war‹ – so heißt der Stein, den er nicht wälzen kann. Und so wälzt er Steine aus Ingrimm und Unmut und übt Rache an dem, was nicht gleich ihm Grimm und Unmut fühlt.«

Zarathustra macht keinen Hehl aus seiner Verachtung für diese Haltung der Hilflosigkeit und stellt ihr, als »Erlösung«, eine Haltung des Heils entgegen: den »schaffenden Willen«. Dieser schaffende Wille bildet das »Es war« kurzerhand um in ein »So wollte ich es!« Meint: Anstatt es – ohne Aussicht auf Erfolg – rückgängig machen zu wollen, umfängt und empfängt der Wille das Gewesene, nimmt es an und heißt es willkommen, so schrecklich es auch immer sein mag. In den Worten Nietzsches: »Alles ›Es war‹ ist ein Bruchstück, ein Rätsel, ein grauser Zufall – bis der schaffende Wille dazu sagt: ›aber so wollte ich es!‹ – Bis der schaffende Wille dazu sagt: ›Aber so will ich es! So werde ich's wollen!‹«

Aus diesen Sätzen spricht kein kruder Masochismus, sondern eine mutige Einwilligung in die Gegenwart und in die Erkenntnis, dass nur wir es sind, die unserem Dasein einen Sinn geben können. Erst wenn der Mensch die Zufälle und Widerfahrnisse seines Lebens zu einer Geschichte zusammenfügt, wird er wahrhaft Mensch. Durch den schaffenden, schöpfenden Willen verkehrt sich seine Ohnmacht in Macht. Das Vergangene wird angenommen, ja anverwandelt und auf diese Weise erlöst.

Und hat Nietzsche mit seinem »So wollte ich es!« in Bezug auf das heutige Kinderkriegen nicht sogar im doppelten Sinne recht? Die Empfängnis ist im 21. Jahrhundert schließlich kein »Zufall« mehr, sondern wird willentlich in Kauf genommen, gar gezielt angestrebt.

Und wer wollte im Ernst behaupten, dass wir uns über die Risiken und Nebenwirkungen des Elternwerdens nicht im Vorfeld hinreichend informieren könnten? Zeit also, die bereute Mutterschaft als das anzuerkennen, was sie in ihrem Kern ist: vergangenheitsfixierte Unmündigkeit.

♂ STAMMBAUM

Die Aufgabe schien ganz einfach zu sein: Unsere Tochter, gerade in der ersten Klasse, sollte einen Familienstammbaum zeichnen. Eine schöne Idee. Wir sprachen also mit Eltern und Großeltern, recherchierten Ahnen, von denen wir noch nie gehört hatten, und hatten schließlich eine stattliche Liste mit Namen, Geburts- und Sterbedaten beisammen, die nur noch in Form eines Baumdiagramms angeordnet und botanisch ausgestaltet werden musste. Oder?

So sehr unsere Tochter sich auch abmühte – es wollte ihr einfach nicht gelingen, den gewünschten Baum zu malen. Wie es sich für eine Pflanze gehört, wuchs ihr Bäumchen von unten nach oben, die älteren Generationen bildeten den Stamm, der Nachwuchs fand sich auf den Blättern wieder. Nur: Leider war der Stamm überproportional dick, da auf ihm die Namen von etlichen Urgroßeltern Platz finden sollten; in der Krone wuchs hingegen nur ein einziges Blatt, mit ihrem eigenen Namen darauf. Kein echter Baum wäre bei diesen Größenverhältnissen überlebensfähig, er würde binnen Kurzem wegen Chlorophyllmangels eingehen.

Erst da wurde mir klar, dass der Stammbaum als genealogisches Modell keine Zukunft hat. Traditionell bildet ja ein ehrwürdiger Vorvater den namensgebenden Stamm; aus ihm verzweigen sich allmählich die folgenden Generationen, bis schließlich ein Blätterdach aus Ururenkeln das Gewächs krönt. Töchter und zweitgeborene Söhne müssen leider in der Regel herausgesägt werden, da sonst das Astwerk zu unübersichtlich würde. Und: Das Schema funktioniert nur, wenn es auf einen einzigen, tragenden Urahn bezogen ist, dem alle nachfolgenden Generationen entsprossen sind. Für ein gleichberechtigtes Denken, in dem sämtliche Vorfahren – egal ob Frauen oder Männer, ob mütter- oder väterlicherseits – ebenbürtig vertreten sind, bietet es keinen Raum.

Genau das aber wollte unsere Tochter: Sie wollte alle familiären Verästelungen sehen. Sie wollte sämtliche Großeltern und Urgroßeltern – auch geschiedene, auch angeheiratete, wieder geschiedene und wieder verheiratete – auf einem Bild vereint haben (aus Gründen, die hier darzulegen zu weit führen würde, verfügt sie über sage und schreibe sieben Großeltern). Und zwar nicht in Bezug auf irgendeinen lange verholzten Vorfahren, sondern auf sich selbst. Befriedigend darstellen ließ sich das erst, als wir den Baum aus dem Erdreich rissen und die Generationenfolge auf den Kopf stellten: Unsere Tochter bildet nun den mächtigen, tragenden Stamm. Wir selbst, die Eltern und anderen Vorfahren, sind die Äste und Blättchen.

Diese Umkehrung der Hierarchie verbildlicht einerseits die radikale Ich-Bezogenheit des modernen Menschen (die speziell bei jungen Menschen, wie Eltern bestätigen mögen, besonders ausgeprägt ist). Andererseits spiegelt sich in ihr eine Aufwertung der nachwachsenden Generationen – und mithin der Zukunft – wider, wie sie in früheren Epochen vermutlich undenkbar gewesen wäre. In der Vormoderne dominierte, wie der Historiker Reinhart Koselleck gezeigt hat, in der Zeitwahrnehmung noch der Rückbezug auf die Vergangenheit, also auf die familiäre Herkunft. Mit der Aufklärung verschob sich dieser Fokus allmählich vom Präteritum aufs Futur: Der Erfahrungsraum wurde fortan nicht mehr durch das Gewesene, sondern durch das zu Erwartende bestimmt. »Die langsam bewußt werdende Öffnung der Zukunft läßt sich geradezu messen im Wandel der Wachstumsmetaphern«, so Koselleck. »Der unendliche Progreß erschloß sich eine Zukunft, die sich der naturalen Altersmetaphorik entzieht.«

Eine naturale Wachstumsmetapher, die erkennbar zum Totholz gehört, ist nun die vom in tiefen genealogischen Schichten verwurzelten, patrilinearen Stammbaum. Leider stellt aber auch das von unserer Tochter entworfene Bäumchen keine zukunftsträchtige Alternative dar: Nicht nur biologisch gesehen ist das Bild vom wenige Jahre jungen Stämmchen mit jahrhundertealten Blättern, die daraus sprießen, patenter Unfug. Einen auf den Nachwuchs begründeten Stammbaum – nennen wir ihn nach dem griechischen Wort für »Kind« paidilinear – kann es nicht geben.

Sehen wir der Sache ins Auge: Wenn wir unsere zunehmend komplexer werdenden, auf die Zukunft und jedes einzelne Individuum bezogenen Verwandtschaftsverhältnisse darstellen wollen, dann müssen wir die Axt an das vertraute Bild vom Stammbaum legen. Dann brauchen wir anstelle eines Baumes einen ganzen Wald.

Der Sohn

♀ WARTEN

Es gibt drei verschiedene Formen des Wartens. Die erste: Man weiß, dass das, worauf man wartet, zu einem bestimmten Zeitpunkt eintreten wird. Das Warten auf ein verabredetes Date zum Beispiel zählt zu diesem Typus, genauso das Warten aufs Christkind, auf den nächsten Geburtstag, auf den Sommerurlaub. Der zweite Typus: Man weiß, dass das Erwartete kommen wird, aber nicht genau, wann. Das Warten auf die Menopause und das Warten auf den Tod fallen mir hier ein. Drittens: Man wartet auf etwas, von dem man nicht weiß, ob es sich überhaupt jemals ereignen wird. Das Warten auf den richtigen Partner wäre hier zu nennen. Oder das Warten auf ein Kind.

Wir haben auf unseren Sohn fünf Jahre lang gewartet. Als unsere Tochter zwei war, haben wir es, wie man so sagt, »darauf ankommen lassen«. Nichts. Dann kam die Phase des Rechnens und Temperaturmessens, der Eisprung-Kalender und der festen Verabredungen zum – hoffentlich – reproduktiven Sex. Diese Phase dauerte mehrere Jahre an, Jahre, in denen wir versucht haben, das Unverfügbare durch Kalkulation verfügbar zu machen. Wieder nichts. Schließlich dann doch, nach langem Zögern, der Gang ins Kinderwunschzentrum. Die Empfehlung der Ärztin: Wir sollten doch, nicht zuletzt angesichts meines Alters, die Wahrscheinlichkeit der Empfängnis durch termingenaue, gezielte Insemination erhöhen.

So sehr ich mir ein zweites Kind wünschte: Diese Möglichkeit kam für mich – und zum Glück auch für F. – nicht infrage. Ich wollte mich nicht auf einen Frauenarztstuhl setzen und von einer Spritze befruchten lassen. Allein die Vorstellung empfand ich als erniedrigend, demütigend, würdelos. Natürlich kann ich nicht sagen, ob ich die Samenübertragung auch ausgeschlagen hätte, wenn ich nicht bereits Mutter einer gesunden, wunderbaren Tochter gewesen wäre. So aber war klar: Dann doch lieber kein zweites Kind. Zumal in meinem privaten, psychoanalytisch inspirierten Kosmos – es war bereits die Rede davon – körperliche Signale und Symptome nicht ignoriert und schon gar nicht ausgetrickst, sondern erhört und gedeutet werden wollen (→ Schmerzen). Vielleicht hatte es ja etwas zu sagen, dass ich kein Kind empfange? Andererseits: Es könnte ja auch etwas zu bedeuten haben, dass F. kein Kind zeugt? Warum muss immer die Frau die Probleme zuerst bei sich suchen?

♂ *Ähem. Ich darf in diesem Zusammenhang darauf hin-*
weisen, dass ich durchaus das Problem bei mir gesucht, zu
diesem Zweck einen Andrologen (den gibt es wirklich) aufge-
sucht und mich dort einer, nun ja, durchaus demütigenden,
würdelosen Prozedur unterzogen habe. Aber es stimmt, der
Arzt suchte das Problem natürlich nur auf der körperlichen
Ebene, und ich ahne, wohin ein Insistieren auf der soma-
tischen Dimension der Sache führen würde, darum genug
davon.

Derlei Überlegungen tauchten immer wieder auf,
wurden aber seltener. Das Leben ging voran, die Arbeit
nahm mich wie eh und je in Anspruch (liegt hier der
Grund? Ist mir mein Beruf am Ende doch wichtiger?
Ist das die Botschaft meines unfruchtbaren Körpers:
Wäre das zweite Kind der Karrierekiller?). Die Vor-
stellung, zu dritt zu bleiben, wurde mit der Zeit zur
Gewissheit.

Dann der Sommer 2014, der Abend vor unserem
Sommerurlaub auf Korsika. Wie beiläufig stellte ich
fest, dass meine Regel immer noch nicht da war. Wie
beiläufig, zwischen letzten Besorgungen und einem
kurzen Kaffee im *No Fire no Glory,* kaufte ich in der
Apotheke einen Schwangerschaftstest. Zu Hause packte
ich in Ruhe die Koffer fertig, machte Abendessen,
brachte unsere Tochter ins Bett, bevor mir der Test
wieder einfiel. Ach ja.

Eine Viertelstunde später zeigte ich F. den verfärbten Streifen.

Man kennt diese abgedroschene Weisheit aus abertausend Ratgebern: Es klappt erst, wenn man wirklich loslässt. Nichts mehr erzwingen will, nichts mehr erhofft. Mir erscheint rückblickend eine andere Erklärung einleuchtender, die mit dem Wesen dessen zu tun hat, was der französische Philosoph und Autor Alain Badiou ein »Ereignis« nennt. Das Ereignis ist das Unvorhergesehene schlechthin. Es bricht ganz plötzlich hervor und hinein ins Leben. Auf einmal ist sie da, die große Liebe; auf einmal ist sie da, die lang ersehnte Schwangerschaft. Allerdings ist für Badiou auch klar: Man muss, damit das Ereignis seine Wirkkraft entfalten kann, sich ihm produktiv öffnen; ihm, wie es der Denker formuliert, die »Treue« halten.

Habe ich also in Wahrheit gerade nicht losgelassen? Immer noch etwas erhofft? Ich werde es nie erfahren.

♂ URSPRUNG

Ich muss gestehen: Ich habe keinerlei Erinnerung daran, wie unser Sohn gezeugt wurde.

♀ *Ich auch nicht; was umso erstaunlicher ist, als wir so lange auf dieses zweite Kind gewartet haben. (→ Warten)*

Ich bin mir ziemlich sicher, dass ich der Erzeuger bin –

♀ *Ich auch.*

– aber ich habe nicht die geringste Ahnung, wann genau der entscheidende Akt stattgefunden hat, ob er lange andauerte oder schnell vorbei war, ob ich schläfrig war oder hellwach. Ich bedauere das sehr – schließlich handelt es sich bei dem erfolgreichen Zusammentreffen von Spermium und Eizelle um ein im Leben des dabei gezeugten Menschen einmaliges Geschehen, nur vergleichbar mit der Schöpfung des biblischen Adam aus Wasser und Lehm oder dem Urknall. Und ähnlich wie bei diesen weltbewegenden Ereignissen wüsste ich zu gern, wie die Genesis meines Sohnes verlaufen ist.

Zumal die Umstände der Zeugung Einfluss auf das Wohl und Wehe des zukünftigen Menschleins haben könnten. Von der Antike bis in die frühe Neuzeit wurde der medizinische und psychologische Diskurs nämlich von der Humoralpathologie oder »Säftelehre« beherrscht. Das körperliche und seelische Gleichgewicht des Menschen verdankte sich diesem – erstmals im *Corpus Hippocraticum* niedergeschriebenen – System zufolge der richtigen Mischung der vier wichtigsten Körperflüssigkeiten: Blut, Schleim, schwarze und gelbe Galle. Überwiegt das Blut, ist der Mensch ein Sanguiniker. Bei einem Übermaß an Schleim ist er phlegmatisch, kommt ihm die gelbe Galle hoch, handelt es sich um einen Choleriker. Zu viel Schwarzgalle schließlich führt zur Melancholie.

Der von mir hochverehrte Schriftsteller Laurence Sterne dachte dieses Prinzip Mitte des 18. Jahrhunderts erstmals mit dem Akt der Zeugung zusammen: Wenn das Verhältnis der Säfte (Sterne nennt sie *animal spirits*) beim Geschlechtsverkehr nicht stimmt, so lässt er den Ich-Erzähler in seinem Hauptwerk *Tristram Shandy* verkünden, gerät auch der dabei entstehende »Homunculus« auf die schiefe Bahn: »Ihr Alle habt, wie ich wohl annehmen darf, von den Lebensgeistern, wie dieselben von dem Vater auf den Sohn fortgepflanzt

116

werden, u.s.w., u.s.w. (...) gehört«, fragt der Erzähler rhetorisch. »Nehmt mein Wort darauf, daß neun Zehntheile von eines Menschen Verstand oder Unverstand, Heil oder Unheil in dieser Welt von jener Geister Bewegungen und Thätigkeit, von der Spur, auf die Ihr sie bringt, und von dem Gang, in den Ihr sie versetzt, abhängen, so daß, wenn sie einmal im Trabe sind (...), sie wie toll und besessen rennen, als ob einer mit der Peitsche hinter ihnen wäre.«

Auch die Hygieniker des 19. Jahrhunderts glaubten, dass der Gemüts- und Gesundheitszustand des späteren Kindes im Moment seiner Zeugung determiniert werde: Der französische Arzt Francis Devay etwa schrieb 1862, dass nur naiv-unbekümmerte Eltern »den entscheidenden Einfluss anzweifeln, den der momentane physische oder gemütsmäßige *(passionnel)* Zustand, in dem sich die Erzeuger befinden, auf die physische und geistige *(moral)* Natur des Kindes ausübt«. Und der Ratgeber *Die Gesunderhaltung in der Ehe* aus dem Jahr 1894 findet das schöne und für die damalige Zeit höchst fortschrittliche Bild, das Kind sei nichts weiter als »die Photographie der Eltern im Zeugungsakte«.

Aus heutiger Sicht mag das altmodisch klingen, weltfern, wissenschaftlich überholt – aber es rührt an einen weiterhin höchst akuten und neuralgischen Punkt: Mit dem Moment der Empfängnis wird ein

Prozess in Gang gesetzt, auf den man als Vater und Mutter erst sehr viel später (in aller Regel: nach neun Monaten) unmittelbaren Einfluss nehmen kann, und von dem man nicht weiß, ob und inwieweit man ihn steuern kann. Welchen Anteil spielt die Natur, welchen die Kultur? Vermag die Erziehung den Werdegang des Homunculus zu beeinflussen – oder ist bereits alles Wesentliche entschieden, determiniert durch Genetik, Zufall, eine vorübergehende Gestimmtheit, die große biochemische Lotterie?

Wird unser Sohn später also womöglich ein Grübler – nur weil S. oder ich im Moment seiner Empfängnis ein Übermaß an schwarzer Galle im Körper hatten? Könnte er jähzornig werden oder träge oder hibbelig, und alles ist unsere Schuld, weil wir ihn auf einen falschen humoralpathologischen Pfad gebracht haben, an einem kopflosen Abend im Juli? »Wenn doch mein Vater oder meine Mutter, oder eigentlich Beide (…), hübsch bedacht hätten, was sie vornahmen, als sie mich zeugten!«, beklagt sich der Sterne'sche Erzähler: Wird unser Sohn das dereinst auch tun? Wird er uns für unser Vergehen, ihn unbedacht (oder überhaupt) in die Welt gesetzt zu haben, verklagen? (→ Ungefragt)

Ich weiß es nicht. Ich weiß nur, dass wir den kleinen Homunculus, seitdem wir von seiner Existenz wissen, vor allen anderen schädlichen Säften (Alkohol, Kaffee, Medikamente) nach Kräften bewahren. Ich weiß, dass

die menschlichen Geister in uns ihm denkbar wohlge-
sonnen sind. Und ich weiß, dass er sich, was die Uner-
gründlichkeit seines Ursprungs angeht, in bester, ja
kosmischer Gesellschaft befindet: Auch die genauen
Umstände des Urknalls sind nicht rekonstruierbar.
Auch die Befruchtung des allerersten Eis, die Zeugung
des Universums, liegt weitgehend im Dunkeln.

♂ VANITAS

Dreizehnte Woche, Feindiagnostik. Ganz großes
Kino: S. liegt auf der Untersuchungsliege, ich sitze auf
einem hartlehnigen Stuhl daneben, halte ihre Hand.
Der Diagnostiker sitzt auf der anderen Seite der Liege,
fährt mit seinem Ultraschallstab auf dem sich allmählich wölbenden Bauch herum und kommentiert live
aus der Gebärmutter, während auf dem Bildschirm gegenüber orangegelb eingefärbte Bilder vorbeiflimmern.

Zum ersten Mal können wir unserem zukünftigen
Kind, das jetzt nicht mehr nur eine befruchtete Eizelle
oder ein Embryo ist, sondern bereits ein Fötus, zuwin-
ken, können sehen, wie es sich bewegt, wie es die
Hände vor das Gesicht hält, nuckelt es? Wir erkennen
die berüchtigte Nackenfalte (gottlob: unauffällig), wir
erkennen die zahnstocherdünne Wirbelsäule, die Rip-
pen, das Becken, die Beine und Füße und Arme, sogar
alle fünf Finger, Daumen, Zeige-, Mittel-, Ring- und
kleiner Finger: alles da. Wenn man kein Herz aus Hack-
fleisch hat oder ein Feindiagnostiker ist, der das ganze
Wunder schon tausendundeinmal gesehen hat, ist es
unmöglich, nicht erschüttert zu sein, und natürlich

fange ich an zu weinen (→ Tränen). Zum einen aus Freude darüber, das zukünftige Kind – den ehemaligen Embryo, den jetzigen Fötus – erstmals in solchem Detail zu sehen (obwohl das Wesen, seien wir ehrlich, noch keine erkennbaren individuellen Züge trägt). Und zum anderen ein bisschen aus Trauer.

Denn auch wenn man hin und wieder das Herzchen pulsieren sieht; auch wenn man zwei Schwämmchen erkennt, die einmal die beiden Gehirnhälften bilden werden, sowie zwei Schatten, von denen der Diagnostiker behauptet, es handele sich um die Nieren – der bleibende Eindruck ist der eines Skeletts. Eines winzigen, vielleicht sieben Zentimeter langen Knochenmännchens, und wenn es die Hände zum Schädel führt, sieht es aus, als wollte der Tod uns, den Betrachtern, eine Nase drehen: Das Erste, was ihr von diesem werdenden Menschlein zu sehen bekommt, scheint er uns sagen zu wollen, ist zugleich das Letzte, was von ihm bleiben wird. Wie es der rumänische Philosoph Emil Cioran mit unnachahmlichem Nihilismus formulierte: »Der Mensch ist der kürzeste Weg zwischen Leben und Tod.«

♀ *Diese Assoziation hatte ich überhaupt nicht. Ich kann Hannah Arendt nur zustimmen: Das werdende Leben ist ein Zeichen des Neubeginns; für mich war das kleine Wesen, das ich auf dem Bildschirm sah, der pure Anfang! F. hingegen erblickt in unserem winzig kleinen Sohn sofort den Tod, was mich an Martin Heidegger denken lässt: Dasein ist für den Philosophen wesentlich ein »Vorlaufen zum Tode«. Haben Männer und Frauen unterschiedliche Perspektiven auf das Leben? Denken Letztere es eher vom Anfang, Erstere eher vom Ende her? Zumindest ist der Tod in F.s Wahrnehmung auffällig präsent und auch in diesem Buch für ihn immer wieder Thema (→ Antiapokalypse → Ungefragt → Kreisförmig → Blüte).*

Vielleicht ist es kein Zufall, dass wir unserem werdenden Kind, wenn wir von ihm sprechen, meist den Namen eines wirbellosen Tieres geben, einen Kosenamen, der seine reine Fleischlichkeit hervorhebt und das Knochengerüst außen vor lässt: Würmchen (→ Tiernamen). Ich wünsche unserem Würmchen alles erdenklich Gute. Ich wünsche ihm, dass es gesund geboren wird, dass es ein glückliches Leben hat, dass es mit starken, schmerzfreien Knochen viele, viele Jahre alt wird. Aber ich kann beim Anblick des niedlichen kleinen Gerippchens den Gedanken nicht verdrängen, dass jeder Anfang irgendwann ein Ende nach sich zieht. Dass »das Werden«, wie Friedrich Nietzsche schreibt, unweigerlich »das Gewesensein« hinter sich herschleppt.

♀ PENIS

»Also, da gibt es jetzt wirklich keinen Spielraum für Spekulationen mehr«, sagt Herr J., während er mit einem kleinen weißen Plastikgerät über meinen mit Gel befeuchteten Bauch fährt: »Sehen Sie?« F. und ich blicken angestrengt auf den großen Bildschirm an der gegenüberliegenden Wand, darauf flimmernde Flecken, die unser Kind sein sollen. Erst als ein kleiner weißer Kreis das fragliche Detail einkreist, ahnen wir, was der Feindiagnostiker meint. »Ist das ein Penis?«, will ich gerade fragen, doch da erscheint schon ein Pfeil, dessen Spitze direkt auf den kleinen Zipfel zeigt und mit dem eindeutigen Vermerk »Junge« gekennzeichnet ist – so als wollte Herr J. uns sagen: Jetzt noch mal für die ganz Blöden. F. drückt meine Hand, ich drücke zurück. Ein Junge!

♂ *Ich muss gestehen: Zunächst war ich erschrocken (wahrscheinlich drückte ich deswegen so fest die Hand von S.). Insgeheim – so insgeheim, dass ich sogar mir selbst gegenüber bis zu diesem Moment den Gedanken niemals eingestehen wollte – hatte ich nämlich gehofft, eine weitere Tochter zu bekommen.*

*Ich musste an meinen Freund J. denken, der sieben Jahre
zuvor ebenfalls die Penisprognose bekommen und mich entsetzt
gefragt hatte: »Was soll ich bloß machen, wenn er beim
Windelnwechseln plötzlich anfängt, an sich rumzuspielen?«
Ja, der Gedanke an einen Sohn ist – zumal, wenn man nicht
übermäßig an der Weitergabe seines Nachnamens interessiert
ist – für einen Vater nicht einfach (→ Männliche Ohnmacht).
Die eine Sorge: Er könnte genauso werden wie ich, meine Probleme wiederholen, mir meine eigene Kindheit und Jugend
widerspiegeln; bloß nicht. Die andere Sorge: Er könnte ganz
anders werden als ich, unkomplizierter, männlicher, einer, der
sich schon auf dem Wickeltisch am Pullermann zieht und
später als Landesmeister im* Manspreading *breitbeinig in
der U-Bahn herumflegelt; auch nicht gut. Tatsächlich hatte
ich wenige Wochen später einen geradezu lehrbuchhaften freu-
dianischen Albtraum, in dem mich mein Sohn mit einem
Phallus erdolchte. Inzwischen kann ich erleichtert zu Protokoll geben: Mein Sohn beschreitet offenbar einen dritten Weg:
Er ist wie ich – und doch ganz anders. (Und ja, manchmal
spielt er beim Wickeln an sich herum.)*

Als ich meiner Freundin S. erzähle, dass wir einen Sohn
erwarten, stößt sie einen Schrei aus und umarmt mich
fest: Sie freue sich so für uns, dann hätten wir ja beides,
Mädchen und Junge, etwas Schöneres könne man sich
doch kaum wünschen. Obwohl ich meine Freundin für
einen der ehrlichsten Menschen auf der Welt halte,

nehme ich ihr den Enthusiasmus nicht ganz ab. S. ist ein Mädchen- und Frauenfan. Jungs – sie hat selbst einen Sohn – sind in ihren Augen tumb, verschlossen, unsensibel. Vollkommen blind und taub für ihre Umwelt. Mädchen dagegen: offen, kreativ, aufmerksam, hilfsbereit, fürsorglich, klug und irgendwie sowieso die besseren Menschen.

Und S. ist beileibe kein Einzelfall. Da könne ich mich dann ja schon mal einstellen auf Schwertspiele, Fußball und Autorennen, sagt meine Freundin U. und rollt dabei mit den Augen (→ Transportmittel). Das sei einfach eine ganz andere Welt, bemerkt B., eine weitere Bekannte, bemüht neutral. Und A. erzählt mir, sie lasse ihren Sohn immer ganz bewusst mit Mädchen spielen, das mache ihn weicher, einfühlsamer. Ich finde diesen Beleuchtungswechsel hochinteressant. Immerhin ist es noch gar nicht lange her, dass Sigmund Freud der Frau einen ausgeprägten »Penisneid« attestierte. Auch das Mädchen leide unter einem Kastrationskomplex, führte der Analytiker in seiner Vorlesung »Die Weiblichkeit« aus, nur unter umgekehrtem Vorzeichen. Während der Junge beim Anblick des weiblichen Genitals fürchtet, sein gutes Stück zu verlieren, ist das Mädchen vom Penis so beeindruckt, dass es sich »schwer beeinträchtigt« fühlt und oft den Wunsch äußert, »auch so etwas haben« zu wollen. Der Penisneid, so Freud, präge den weiblichen Charakter tief: »Neid und Eifersucht im Seelenleben der Frauen« hätten einzig und allein diese Wurzel, und selbst die Ergreifung eines intellektuellen Berufs »lässt sich oft als eine sublimierte Abwandlung dieses verdrängten Wunsches erkennen«.

Der weiblichen Position gemäß ist für Freud eine andere Form des Trosts: An die Stelle des Wunsches nach dem ersehnten Körperteil müsse der Wunsch nach einem Kind treten; das Kind sei die »symbolische Äquivalenz« des Penis. Demgemäß, so Freud weiter, sei das Glück des Weibes besonders groß, »wenn dieser Kinderwunsch später einmal seine reale Erfüllung findet, ganz besonders aber, wenn das Kind ein Knäblein ist, das den ersehnten Penis mitbringt (…). Nur das Verhältnis zum Sohn bringt der Mutter uneingeschränkte Befriedigung; es ist überhaupt die vollkommenste, am ehesten ambivalenzfreie aller menschlichen Beziehungen.«

Diese Sätze schrieb Freud im Jahr 1933. So groß mein Argwohn gegen die psychoanalytische Theorie der Weiblichkeit ist: Auch unsere Tochter hatte eine Phase, in der sie der festen Überzeugung war, ihr würde früher oder später ein Penis wachsen; in der KiTa lernte sie von ihrem schwulen Erzieher, wie man auch als Mädchen im Stehen pinkeln kann, und führte uns ihr Kunststück stolz vor. Ich selbst wollte sehr lange ein Junge sein, bis weit in die Pubertät hinein.

Nichts habe ich lieber gemacht, als mich mit meinen ausnahmslos männlichen Freunden zu messen; nichts neidischer beäugt als meine Fußballkumpels, wenn sie sich nach dem Spiel lässig ihr Trikot vom Oberkörper zogen. Heute übe ich einen intellektuellen Beruf aus.

Als wir die pränataldiagnostische Praxis verließen, war mein erster Gedanke: Jetzt wächst ein Penis in mir. Junge, Junge!

♀ KUGELMENSCH

Es kommt bekanntermaßen nicht oft vor, dass ein Mensch von sich sagen kann: Ich bin glücklich. Mir geht es prächtig. Alles stimmt. Denn: Unter normalen Umständen stimmt eben nie alles. Die Arbeit nervt, der Wein hat Kork, überhaupt müssen wir alle irgendwann sterben, die Sonne wird eines fernen Tages explodieren, die Erde verbrennen, verschwinden im All.

Doch ich befinde mich nun einmal, wie es so schön heißt, in anderen Umständen. Ich bin im sechsten Monat schwanger. Mein Bauch wird runder und runder, ist eine Kugel wie die Erde (→ Groteske Körper). Das Essen schmeckt, der Schlaf ist tief. Ich zweifle nicht, weder an mir noch an meiner Umwelt. Dinge, die mich früher nervös machten, stressten, aus der Fassung brachten, nehme ich lächelnd hin, betrachte sie als das, was sie sind: nebensächlich. Ich bin gelassen. Tiefenentspannt. Und fühle mich gleichzeitig so energetisch wie ein junger Gott. Kein Wunder – immerhin schlagen in mir zwei Herzen. Die Ideen sprühen, alles gelingt mit Leichtigkeit, es ist, als wäre mir die Welt nicht länger fremd, sondern als trüge ich sie tief in mir, ja, als wäre ich in jenen glückseligen Zustand zurückversetzt worden, den der Komödiendichter Aristophanes in Platons berühmtem *Gastmahl* beschreibt: in den Zustand des Kugelmenschen.

»(D)ie ganze Gestalt eines jeden Menschen«, erklärt der Dichter bei Speis und Trank, sei in einem unvordenklichen Zeitalter rund gewesen, »indem Rücken und Seiten eine Kugel bildeten; Hände aber hatte ein jeder vier und ebenso viele Füße und zwei einander völlig gleiche Gesichter auf einem kreisrunden Halse, für beide einander entgegengesetzt liegende Gesichter aber einen gemeinsamen Kopf, zudem vier Ohren und zwei Schamglieder und alles andere wie man es sich hiernach wohl ausmalen kann.« Die Kugelmenschen waren Doppelmenschen: Wesen, die nichts brauchten außer sich selbst und durch diese Selbstgenügsamkeit eine nachgerade übermenschliche Stärke besaßen. Manche Kugelmenschen waren aus zwei männlichen Hälften zusammengesetzt, andere aus zwei weiblichen, wieder andere trugen beide Geschlechter in sich. »So gab es denn der Geschlechter drei und von dieser Beschaffenheit; und das aus dem Grunde, weil das männliche ursprünglich von der Sonne stammte, das weibliche von der Erde und das aus beiden gemischte vom Mond; denn dieser hat teil an beiden, an Erde und Sonne. So waren sie denn, sie selbst wie auch ihr Gang kreisförmig, weil sie ihren Eltern ähnlich waren.«

Doch die Kugelmenschen waren mehr als nur rund und stark: Sie waren vor allem mächtig, »ja sie wagten sich sogar an die Götter heran (...). (S)ie machten sich daran, sich den Weg zum Himmel zu bahnen, um den Göttern zu Leibe zu gehen.«

Man ahnt es schon: Der Kugelmensch kann kein Wesen von Dauer sein. Das vollkommene Glück hat ein Ende, muss ein Ende haben; immerhin will Aristophanes den anderen Gästen durch seinen Mythos erklären, wie das Begehren in die Welt kam – nämlich so: Zeus, der sich zunehmend bedrängt fühlte, beriet sich mit den übrigen Göttern, wie den Kugelmenschen Einhalt zu gebieten sei. Lange sannen sie nach – dann hatte Zeus die rettende Lösung. Er werde jeden von ihnen teilen, um die Kugelmenschen in ihrer Kraft zu schwächen. »Gesagt, getan: Er schnitt die Menschen in zwei Hälften, wie wenn man Arlesbeeren zerschneidet, um sie einzumachen, oder Eier mit Haaren. Und immer, wenn er einen zerschnitten hatte, wies er den Apollo an, ihm das Gesicht und die Halshälfte nach der Schnittfläche umzudrehen, auf daß der Mensch angesichts der vollzogenen Zerschneidung sittsamer würde.« Apollo tat, wie ihm geheißen, »zog von allen Seiten die Haut über der jetzt Bauch genannten Fläche zusammen und band sie dann auf der Mitte des Bauches zusammen wie einen Schnürbeutel, indem er eine Öffnung ließ, die man jetzt Nabel nennt.«

Der Nabel als Zeichen der Trennung: Auch mein Kugelmenschendasein ist begrenzt, währt noch ein paar Monate, dann wird die Schnur durchschnitten. Unwiederbringlich (→ Abnabeln). Danach wird sich das allzu bekannte Gefühl des Mangels wieder bemerkbar machen, das uns das Glück stets anderswo wähnen lässt. Ganz ähnlich wie bei den von Zeus halbierten Wesen, die ihrer Ganzheit beraubt wurden, seither ihr verlorenes Gegenstück suchen und nicht eher Ruhe geben, bis sie es gefunden haben. Auf diese Weise, schließt Aristophanes, sei die Liebe den Menschen »eingeboren« worden: »Jeder sucht demnach beständig das ihm entsprechende Gegenstück.«

Eine traurige Geschichte – und doch auch eine schöne. Wie sollte der Mensch schließlich zum anderen kommen, wenn ihn kein Verlangen aus sich selbst heraus triebe? Wenn er auf Dauer mit sich selber eins und rundum zufrieden wäre? Mit diesem Gedanken tröste ich mich, streichle verliebt meine Kugel und mache erst einmal ein Nickerchen. Noch kann die Welt warten.

♂ GROTESKE KÖRPER

Ein Mantra, das man – zumindest in unserer sozialen Blase in Berlin-Prenzlauer Berg – mit schöner Regelmäßigkeit hört, lautet: Der Körper einer schwangeren Frau ist schön. Ja nicht nur das, er sei sogar ganz außerordentlich begehrenswert, von einer Attraktivität und Anmut, wie sie Kinderlosen leider zeitlebens vorenthalten bleiben muss, und die auch die fragliche Frau selbst niemals zuvor hatte und nie wieder erreichen wird – es sei denn, sie wird wieder schwanger.

Auf die Gefahr hin, von S. widerlegt, von Freundinnen und Bekannten verachtet und aus der quasi-uterinen Behaglichkeit meiner *bubble* verstoßen zu werden: Das ist Unsinn. Der Körper einer Schwangeren ist grotesk; und ich vermute, es ist vor allem dem Taktgefühl gegenüber der werdenden Mutter sowie einer unausgesprochenen gesellschaftlichen Übereinkunft zu verdanken, dass man beim Anblick einer Schwangeren nicht laut loslacht.

Ich meine das durchaus nicht abwertend, sondern im Sinne des russischen Literaturwissenschaftlers Michail Bachtin und seiner »grotesken Körperkonzeption«, wie er sie in seiner Dissertation aus dem Jahr 1940 entwickelte. Der neuzeitliche Körper, so Bachtin, sei tendenziell »von der umgebenden Welt (...) abgegrenzt, in sich geschlossen und vollendet«: Der moderne Mensch, so könnte man paraphrasieren, schottet sich zunehmend von seiner Umwelt ab, er achtet auf die Grenzen seines Leibes, ihre Integrität und Reinhaltung. Er versteht die Haut nicht wie in der vormodernen Säftelehre (→ Ursprung) als permeables Organ, durch das schädliche Stoffe in den Körper wandern oder aus ihm heraustreten können, sondern als eine Art Schutzfolie zwischen sich und der Welt. Öffnungen wie der Anus oder die Vulva gelten ihm zunehmend als obszön, da sie die Ganzheit und Abgeschlossenheit des Körpers infrage stellen. Betrachtet man die allenthalben festzustellende Tendenz, diesen Hochglanzkörper zusätzlich durch Alarmanlagen, private Sicherheitsdienste und Stacheldraht zu schützen und ihn, wenn man seine *gated community* denn verlässt, vorzugsweise in hochachsigen Panzerfahrzeugen mit verspiegelten Fenstern, die eher für eine Marsmission als für den zivilen Stadtverkehr entworfen zu sein scheinen, durch die Gegend zu kutschieren, so muss man sagen: Diese Entwicklung ist noch längst nicht abgeschlossen.

Ganz anders der groteske Körper des Mittelalters. Er ist, in den Worten Michail Bachtins, stets »ein werdender. Er ist nie fertig und abgeschlossen, er ist immer im Entstehen begriffen und erzeugt selbst stets einen weiteren Körper; er verschlingt die Welt und läßt sich von ihr verschlingen.« Die Logik des grotesken Körpers ignoriert mithin die »geschlossene, gleichmäßige und glatte (Ober-)Fläche (…) und fixiert nur seine Auswölbungen und Öffnungen, das, was über die Grenzen des Körpers hinaus-, und das, was in sein Inneres führt. Berge und Abgründe bilden das Relief des grotesken Körpers oder, architektonisch gesprochen, Türme und unterirdische Verliese.«

Dies gilt nun erkennbar nicht nur für den Mittelaltermenschen und seine volkstümlichen Nachfolger – also die Fastnachtsfiguren mit ihren überdimensionierten Bäuchen, Nasen, Brüsten und Phalloi – sondern auch für den Körper einer Schwangeren. Der Bauch wächst und wächst und wächst, bis er in seiner absurden Rundlichkeit an den mit Kissen ausgestopften Wanst eines Zirkusclowns erinnert. Die Brüste, die Männern ja angeblich nie groß genug sein dürfen, schwellen zunächst zu stattlicher, schließlich aber ganz und gar beängstigender Größe an (Fans von Woody Allen dürften sich an den monströsen Killerbusen aus dem Film *Was Sie schon immer über Sex wissen wollten* erinnert fühlen). Der Nabel ploppt heraus, Wasser lagert sich in allen möglichen und unmöglichen Geweberegionen an, bis der vertraute Körper der Gattin kaum wiederzuerkennen ist, und natürlich: Zu guter Letzt öffnet sich der Körper und »erzeugt«, wie Bachtin schreibt, »einen weiteren Körper«. Was, bei aller Erhabenheit des Ereignisses und aller Liebe zum Ergebnis, nun wirklich ein dermaßen grotesker und alienhafter Anblick ist, dass alle Höllenvisionen, von Hieronymus Bosch bis HR Giger, dagegen verblassen.

Um es etwas dezenter auszudrücken: Der Körper der Schwangeren – und nicht zuletzt jener der Gebärenden – stellt für unsere auf Geschlossenheit, Vollendung und Formschönheit bedachte Gegenwart eine kaum zu überbietende Herausforderung dar. Eigentlich ist er ein kulturgeschichtliches Rudiment, ein Relikt aus längst vergangenen Zeiten: Wie eine drastisch überzeichnete mittelalterliche Karnevalsfigur steht er inmitten unserer postmodernen Oberflächenwelt – und bietet damit ein Gegenbild zu all den depperten SUV-Fahrern mit ihren Fliegerjacken und verspiegelten Sonnenbrillen, die sich hinter einem Schild aus Glas, Stahl und Schall von der Außenwelt abschotten.

Und so gesehen ist der Körper einer Schwangeren dann doch wieder sehr schön.

♀ MUTTERMUND

Siebter Monat. Ich sitze auf dem Untersuchungsstuhl, meine Frauenärztin schaut mir in die Augen. Die Sekunden dehnen sich, gespannt versuche ich in ihrem Blick zu lesen, wie es denn nun steht um meinen Muttermund. Ist er noch zu? Meine Angst, dass er sich öffnen könnte, ist nicht unbegründet. Die Arbeit war in den letzten Wochen sehr anstrengend, das Baby drückt schon jetzt mit erstaunlicher Kraft nach unten; »zu kräftig«, wie Dr. M. vorhin beim Ultraschall in leicht mahnendem Ton bemerkte, und: »Vergessen Sie nicht, Sie hatten schon eine Frühgeburt.« Tatsächlich kam unsere Tochter sechs Wochen zu früh zur Welt: Blasensprung in der vierunddreißigsten Woche (→ Mutterliebe).

Muttermund … Was für ein seltsames Wort. Lauscht man ihm und allem, was noch an dem damit bezeichneten Organ hängt, dann haben Frauen streng genommen zwei Köpfe: einen oberen, für alle Welt sichtbaren, und einen unteren, verborgenen, anatomisch leicht verrückten. Der untere, auf Lateinisch *ostium uteri*, schließt oben und unten an den sogenannten

Gebärmutterhals an, den *cervix uteri*. Das obere Ende des Halses wird als hintere Muttermundlippe bezeichnet, das untere als vordere Muttermundlippe. Diese vordere Lippe bildet die Öffnung zur Vagina. Bei einer Frau, die bereits ein Kind geboren hat, ist die Öffnung des Mundes länglich, als würde er lächeln oder grinsen – ist noch kein Baby hindurchgeschlüpft, hat der Mund eine runde Form: O. Wenn eine Schwangerschaft normal verläuft, bleibt der Muttermund bis kurz vor der Geburt fest verschlossen und schweigt standhaft. Erst mit dem Beginn der Wehen öffnet er sich, er »drückt« sich, im wahrsten Sinne des Wortes, unter Schmerzen »aus«. Ein, wie es mir scheint, mithin recht verkniffenes Organ.

In welch wundersamem Gegensatz stehen dazu jene »geschwätzigen Kleinode«, von denen der französische Philosoph Denis Diderot in seinem gleichnamigen Roman erzählt! Worum es sich bei diesen »Kleinoden« handelt, die da ganz unbefangen drauflosplaudern, lässt sich erahnen ... In aller Kürze geht die Geschichte so: Ein Sultan namens Mangogul wendet sich, da er schon recht lang in einer Beziehung zu seiner »Favoritin« Mirzoza steht, vom Überdruss geplagt an den Zauberer Cucufa: Ob dieser ihm nicht ein wenig Abwechslung verschaffen könne? Aber ja, so der Magier:

»Seht diesen Ring«, sagte er zum Sultan, »steckt ihn an Euren Finger, mein Sohn. Sobald Ihr den Edelstein daran auf ein Weib richtet, wird sie Euch laut, klar und vernehmlich ihre Abenteuer kundtun: aber denkt nicht, daß sie mit dem Munde reden wird.«

»Aber womit, heiliger Graubauch, soll sie sonst reden?«, rief Mangogul.

»Mit dem freimüthigsten Teil, den sie hat und der am besten in die Dinge eingeweiht ist, die Ihr zu wissen wünscht«, sagte Cucufa, »mit ihrem Kleinod.«

»Ihrem Kleinod!« rief der Sultan und platzte fast vor Lachen, »nein, so was! Kleinode sollen reden? Das ist ein unerhörtes Ding!«

Von da an hört man das Unerhörte allenthalben: Sobald der Sultan mit seinem Ring auf eine Frau zeigt, fängt es »unter den Röcken an zu murmeln«. Als hätte jemand den Stöpsel gezogen, sprudeln die Wörter gleichsam aus der Öffnung hervor, nichts kann sie stoppen, geschweige denn zensieren. »›Ja gibt es denn etwas Ärgeres‹«, lässt Diderot eine der Damen im Umkreis des Sultans sagen, »›als wenn ein Kleinod schwatzt?‹ Von jetzt an gibt es keine Wahl mehr: entweder man muß der Galanterie entsagen oder sich damit abfinden, als galant verschrien zu sein.« Anders gesagt: Es gibt keine erotischen Geheimnisse mehr – fortan regiert die »Wahrheit des Sexes« (Foucault). Naturgemäß kann keine Frau erpicht darauf sein, dass ihr Geschlecht aus dem Nähkästchen plaudert. Wenn der Muttermund sich öffnet, droht Unheil!

♂ *Böse, machohafte Männerzungen würden ja behaupten: Dasselbe gilt auch für den oberen, der Welt zugewandten Mund. Ob Mario Barth etwa Diderot gelesen hat?*

Hier liegt das verbindende Moment zwischen Diderots vergnüglichem Roman und meiner weniger vergnüglichen Sitzung bei der Frauenärztin – und so bin ich mehr als erleichtert, als diese mir verkündet: »Keine Sorge. Der Muttermund ist noch fest verschlossen.« Trotzdem, so Dr. M., solle ich mir Gedanken machen, wie ich mich entlasten kann und was mir im Moment so viel Druck macht. Ob es nur die Arbeit sei oder noch etwas anderes?

Auf dem Nachhauseweg horche ich in mich hinein – doch ich vernehme: nichts. Kein Kleinod, das sich mir mitteilen würde, leider. Bleibt nur, mich auf mein für alle Welt sichtbares Sprechorgan zu verlassen und mich für den Abend mit F. zu verabreden. Vielleicht kommt ja dabei etwas heraus. Ein Muttermund muss sprechen dürfen. Frei von der Leber weg.

♂ BACKSTEIN

Die Sache liegt schon ein Vierteljahrhundert zurück, trotzdem erinnere ich mich noch genau. Ich befand mich mit einem Dutzend anderer Jungmänner auf einem Einführungslehrgang für Zivildienstleistende in der Residenzstadt Karlsruhe. Wir würden unseren Ersatzdienst in den verschiedensten Einrichtungen und Funktionen ableisten, ich selbst in einem Altenpflegeheim, wo die Wahrscheinlichkeit, mit Schwangeren konfrontiert zu werden, eher gering war – aber bei dieser Einführung ging es ums Grundsätzliche, und so eben auch um das Thema Geburt.

Ob wir denn wüssten, wie sich ein Gebärvorgang für die werdende Mutter anfühlt?, wurden wir vom Seminarleiter gefragt: welche Schmerzen sie dabei empfinde? Zwei Dutzend Schultern wurden gezuckt, Ratlosigkeit stand im Raum – woher und wozu sollten wir so etwas wissen? Schließlich meldete sich der stets etwas zu laute und trotz seines zarten Alters bereits erheblich saturiert wirkende Bayer, der neben mir saß, zu Wort: Eine Geburt, sagte er, »dös is, als wennst an Backstoan schoaßt.« Aha. Hm. Betretenes Schweigen.

Seitdem muss ich immer, wenn ich Stuhlbeschwerden habe, an einen Gebärvorgang denken.

Die Antwort kam beim Seminarleiter nicht gut an – dabei hätte sich der Bayer, wie mir erst Jahre später bewusst wurde, auf eine altehrwürdige Tradition berufen können. Wenn man dem bereits erwähnten (und im Lauf dieses Buches noch öfter auftretenden) Begründer der modernen Psychoanalyse Sigmund Freud folgen möchte, sind ursprünglich nämlich alle Menschen von der Vorstellung beherrscht, dass die Frau nur einen einzigen Körperausgang besitze, durch den Kinder und Ausscheidungen gleichermaßen ans Licht der Welt befördert werden: »Das Kind muß entleert werden wie ein Exkrement, ein Stuhlgang«, so Freud. »Von Anfang an sind die Kinder darin einig, daß die Geburt des Kindes durch den Darm erfolgen müsse, das Kind also zum Vorschein komme wie ein Kotballen.«

Diese sogenannte Kloakentheorie war vor allem in der Schönen Literatur überaus fruchtbar. In Samuel Becketts Roman *Molloy* etwa bezeichnet der Erzähler seine Mutter etwas grob als »die Frau, die mir das Leben gegeben hat, durch das Loch in ihrem Hintern, wenn ich mich recht erinnere. Erster Beschiß.« Und der amerikanische Autor David Foster Wallace lässt in seiner Erzählung »Kanal der Leiden« eine junge Frau beichten, dass sie ihren Exkrementen – umgekehrt –

mütterlich zugetan sei: »(H)abt ihr manchmal auch davon geträumt, dass eure Scheiße in einem Kinderwagen sitzt, so mit einem Häubchen und einer Trinkflasche, und schaut ihr sie auch heute noch manchmal an, wenn ihr auf dem Klo seid, und winkt ihr nach, so: Tschüüüs!, während sie verschwindet, und fühlt ihr dann auch so eine große innere Leere?« (Die Reaktionen ihrer Zuhörer sind ähnlich konsterniert wie unsere, damals, auf das Statement des Bayern.)

Seitdem ich zum ersten Mal eine Geburt miterlebt habe und meine Frau brüllen hörte wie ein abgestochenes Tier, muss ich sagen: Ich glaube, der Vergleich mit dem Backstein ist noch weit untertrieben (→ Schmerzen). Und ich glaube auch, dass es kein Zufall ist, dass gerade Männer (Wallace, Beckett, der Bayer, ich) immer wieder den Vorgang der Geburt durch so etwas Profanes wie einen Stuhlgang zu verbildlichen versuchen. Ich glaube: Die metaphorische Verschlingung von Vagina und Darmrohr, von Kind und Kot holt den Gebärvorgang in die Niederungen des alltäglichsten Körpervorgangs herab, der uns Männern geläufig ist. Sie macht etwas lächerlich, das wir anders nicht zu bewältigen oder begreifen vermögen. Sie bezähmt unsere männliche Angst, dass wir die Schmerzen der Geburt nicht ertragen könnten.

Und sie lässt uns erleichtert aufatmen, dass wir es nicht müssen.

♂ UNGEFRAGT

Ich leide unter chronischen Ohrwürmern. Einer, der mich seit der Geburt unseres Sohnes mit schöner Regelmäßigkeit heimsucht, ja, der mir aus dem Gehörgang direkt in den präfrontalen Kortex zu kriechen scheint und sich dort dann stundenlang munter summend suhlt, stammt von der Band Blumfeld, von ihrem Album *L'Etat et Moi* aus dem Jahr 1994. »Es hat uns niemand gefragt, wir hatten noch kein Gesicht / ob wir leben wollten oder lieber nicht«, sprechsingsangt da Jochen Distelmeyer über einem hibbelighochgekoksten Gitarrenriff; das Schlagzeug drischt dazu in meiner Erinnerung einen treibenden Achtachteltakt.

Da ich die fragliche Kassette vor knapp zwanzig Jahren verbummelt habe, der Wurm also aus dem längst sedimentierten Urschlamm meines Gedächtnisses hervorgekrochen kommt, müssen die in diesen Zeilen mitschwingenden Fragen mich wohl gerade besonders beschäftigen: Mit welchem Recht zwingt man eigentlich einen anderen Menschen – seinen Sohn, seine Tochter – ins Leben? Handelt es sich dabei, wie der Philosoph Rüdiger Safranski formuliert, womöglich um eine »Untat«? Und wenn ja: Was kann man tun, um sie wieder gutzumachen? Oder neutraler gefragt: Welche Pflichten ergeben sich daraus?

Die zitierten Blumfeld-Zeilen gehen zurück auf ein berühmtes Chanson von Friedrich Hollaender aus dem Jahr 1931: »Man hat uns nicht gefragt, als wir noch kein Gesicht / Ob wir leben wollten oder lieber nicht«, lauten die ersten Zeilen; die wohl berühmteste Aufnahme stammt von Marlene Dietrich. Der Erste, der das Problem des kindlichen Existenzzwangs meines Wissens aufgeworfen hat, war allerdings kein Komponist, sondern der notorisch unmusikalische Philosoph Immanuel Kant. Es sei eine »in *praktischer Hinsicht* ganz richtige und auch notwendige Idee, den Akt der Zeugung als einen solchen anzusehen, wodurch wir eine Person ohne ihre Einwilligung auf die Welt gesetzt, und eigenmächtig in sie herüber gebracht haben«, schreibt er in der *Metaphysik der Sitten*.

Seitdem wurde das Thema unzählige Male aufgegriffen und in unterschiedlichen Graustufen variiert. »Wie kam ich in die Welt hinein, warum wurde ich nicht befragt?«, beschwerte sich etwa Søren Kierkegaard Mitte des 19. Jahrhunderts. Und Peter Sloterdijk ereiferte sich noch hundertfünfzig Jahre später: »(B)esaßen etwa meine Erzeuger einen In-die-Welt-Setzungs-Vertrag mit mir?« Offenbar nagt die Tatsache, dass man zwar gegebenenfalls über sein Ende, niemals aber über seinen Anfang verfügen kann, empfindlich an der Selbstbestimmungssehnsucht des modernen Subjekts.

Der Befund ist dabei stets mehr oder minder derselbe: Die Geburt ist eine gleichermaßen unerwünschte und unhintergehbare Handlung – die Täter sind die Eltern, ihr Opfer ist das Kind. Als juristischer Laie würde ich sagen: Es handelt sich um den Straftatbestand der Nötigung, schließlich wird der oder die Betroffene unter erheblicher Gewaltanwendung zur Duldung eines offensichtlich höchst unangenehmen Zustands, des Geborenwerdens, gezwungen (§ 240 StGB). Der Urschrei des Neugeborenen kann als erster, lautstarker, aber noch unartikulierter Protest gegen diesen Akt der Willkür verstanden werden.

Da die Täter ihr Vergehen nun aber nicht ungeschehen machen können (sie können, wie Kant nüchtern konstatiert, »ihr Kind nicht gleichsam als ihr *Gemächsel* (...) und als ihr Eigentum zerstören oder es auch nur dem Zufall überlassen«), müssen sie wohl oder übel Verantwortung dafür übernehmen. Für ihre Tat haftet, so Kant, »auf den Eltern nun auch eine Verbindlichkeit«, nämlich ihr Opfer, »so viel in ihren Kräften ist, mit diesem ihrem Zustande zufrieden zu machen«.

Die Eltern sind mithin berechtigt und verpflichtet, das von ihnen in die Welt gezwungene Wesen zu ernähren, zu pflegen und vor allem, es zu erziehen – und zwar »sowohl pragmatisch, damit es künftig sich selbst erhalten und fortbringen könne, als auch moralisch, weil sonst die Schuld ihrer Verwahrlosung auf die Eltern fallen würde«. Anders gesagt: Wenn man nicht lebenslänglich für das Opfer seiner Untat aufkommen möchte, muss man tunlichst dafür sorgen, dass es lernt, wirtschaftlich und sittlich auf eigenen Füßen zu stehen. Eine saftige Strafe, die in der Regel achtzehn Jahre oder länger von den Tätern abgeleistet werden muss – aber der Schwere des Vergehens wohl angemessen.

Und wie können die Eltern das Kind mit seinem Zustand, dem Auf-der-Welt-Sein, »zufrieden machen«? Nun: Indem sie in ihm die Kräfte der Vernunft erwecken – indem sie also seine Fähigkeit zur Selbstbestimmung entfachen und das Kind zu guter Letzt aus der Fremdherrschaft entlassen. »Dass ich angefangen worden bin, ist nur erträglich, wenn ich lerne, selbst anzufangen«, schreibt Rüdiger Safranski. Man könnte es auch negativer ausdrücken: Das Kind ist erst dann seinem Opferschicksal entwachsen, wenn es selbst zum Täter (also zur Mutter oder zum Vater) werden kann. Die Eltern haben ihre Schuld in eben jenem Moment abgebüßt, in dem sie ihr Kind in die Strafmündigkeit entlassen. Der Geist ihres Vergehens lebt in der nächsten Generation weiter ...

Eine Endlosschleife, ein Ohrwurm: Auch unsere eigenen Kinder werden dereinst vielleicht Nachwuchs in die Welt setzen. Und auch sie werden diesen vorher nicht nach seiner Meinung gefragt haben.

♀ ZEIT

Elf Uhr vormittags. Lesend sitze ich auf dem Sofa, warte darauf, dass das Baby aufwacht, um es noch einmal zu wickeln und zu stillen vor unserem kleinen Ausflug nach Wilmersdorf, tief im Südwesten Berlins. Ein kleines Kieksen von nebenan, ich singe unserem zehn Wochen alten Sohn erst einmal ein Liedchen vor, denn uns treibt nichts – im Gegensatz zum Rest der Welt, der sich absurd schnell auf irgendein für mich nicht sichtbares Ziel zubewegt.

So scheint es mir jedenfalls, als ich eine Stunde später mit Kind im Tragetuch über den Ku'damm spaziere und all die schwarz beschuhten Anzugträger beobachte, die, das Ohr am Smartphone, an mir vorbeieilen. Amüsiert muss ich an den alten Loriot-Sketch »Auf der Rennbahn« denken, in dem ein älterer Herr den vorbeipreschenden Jockeys auf ihren Pferden hinterherruft: »Wo laufen sie denn, wo laufen sie denn hin?« Klar, denke ich, die haben alle irgendwelche Termine, Deadlines, die Zeit im Nacken. Aber ist objektiver Stress wirklich der alleinige Grund für diese Hektik? Einen Moment lang sehe ich vor meinem

geistigen Auge mich selbst, wie ich noch vor wenigen
Monaten durch den Tag raste in meinen schicken Stie-
feln und mit einer Geschwindigkeit, die durch äuße-
ren Druck nur unzureichend erklärt werden kann.

In seinem Buch *Lebenszeit und Weltzeit* liefert der
Philosoph Hans Blumenberg eine andere, tiefere Be-
gründung für die uns modernen Subjekten so vertraute
Schnelllebigkeit. Sie hänge, so Blumenberg, aufs In-
nigste zusammen mit der Erkenntnis der eigenen End-
lichkeit im Angesicht des Kosmos. Wie nichtig, wie
flüchtig ist die Lebenszeit im Vergleich zur Zeit des
Universums! Der moderne Mensch, schreibt Blumenberg, »lebt in einer Welt, die keine Grenzen des ihm
Möglichen vorzuzeichnen scheint, ausgenommen die
eine, daß es sterben muß«. Jede neue Erkenntnis
erwirkt ein Anwachsen der Möglichkeiten – der Na-
turbeherrschung, der Beschleunigung, des Genusses –
und macht gleichzeitig die unbedeutende Rolle deutlich, die der einzelne Mensch in den Jahrmillionen der
Erdgeschichte spielt.

Die Folge: »Immer weniger Zeit für immer mehr
Möglichkeiten und Wünsche.« Also muss der Mensch
sich eilen, um in der kurzen Spanne seines Lebens so
viele Wünsche wie nur möglich zu befriedigen. Dabei
überragt und durchdringt *ein* Wunsch alle anderen:
der Wunsch, die Welt möge das eigene Leben nicht
überdauern. »Enge der Zeit ist die Wurzel des Bösen«,

schreibt Blumenberg und meint damit die Unfähigkeit zu ertragen, dass sich die Welt nach dem eigenen Ableben einfach weiterdreht. Wenn ich sterbe, soll alles sterben, lautet die apokalyptische Phantasie des narzisstisch gekränkten Menschen, und in der Tat: Beschleunigung und Klimawandel sind zwei Seiten ein und derselben Medaille. Je schneller wir leben, desto zielgerichteter strebt die Welt auf den anthropogenen Big Bang zu (→ Antiapokalypse).

Was meinen eigenen (mir nur allzu vertrauten) Narzissmus angeht, so schweigt er gerade ausnahmsweise einmal. Mundtot gemacht hat ihn das kleine Bündel vor meinem Bauch. Bräche in dieser Sekunde ein Tiger aus dem Berliner Zoo aus und spränge auf uns zu, ich würde mich ohne mit der Wimper zu zucken für mein Kind aufopfern – ein Impuls, der keineswegs heroisch, sondern schlichtweg natürlich ist. Der Nachwuchs ist für die Zukunft nun einmal wichtiger als die ollen Eltern.

Lebe ich also gerade langsamer, weil mein Kind mir den Gedanken an das eigene Ende erträglicher macht und ich mir die Fortdauer der Welt nach meinem Tod aus tiefstem Herzen wünsche? Möglich. Denkbar ist aber auch, dass ich meine Elternzeit nur deshalb so genüsslich auskoste, weil ich weiß, dass auch sie leider endlich ist. Ab November bin ich wieder auf der Rennbahn.

♂ GABE

Manchmal, in sehr, sehr finsteren Stunden – sagen wir einmal nachts, wenn das zahnende Kind mich gerade zum schätzungsweise zwanzigsten Mal geweckt hat, immer im Fünfminutentakt – immer wenn ich gerade dabei bin, in den dringend benötigten Tiefschlaf zu fallen, wie bei der chinesischen Wasserfolter, bei der ein steter Tropfen auf den kahl geschorenen Kopf des Gefangenen fällt, um ihn so subtil wie unerbittlich im Wachzustand zu halten, tropf, tropf, tropf – in solch finsteren Momenten also fange ich manchmal an zu rechnen.

Laut Statistischem Bundesamt kostet uns das kleine Wesen, das gerade zwischen S. und mir liegt und sich maunzend hin und her wälzt, 584 Euro im Monat – das ist der bundesweite Durchschnitt. Bis zur Volljährigkeit kommen so sage und schreibe 130 000 Euro zusammen – allerdings sind das nur die sogenannten Konsumausgaben, also laufende Kosten für Kleidung, Essen, Windeln, etc. Der Umbau unserer Kammer (die mal mein Arbeitszimmer war) zum Kinderschlafzimmer (das nun, wie man sieht, von dem Kleinen gar nicht genutzt wird, er liegt ja mit im Elternbett), die Anschaffung eines Gitterbettchens mit hochwertiger Matratze (aktuell unbelegt, siehe oben), von Kinderschlafsack, Kinderwagen, Fahrradanhänger, Wanderkiepe mit Sonnendach, mehrerer Regalmeter mit Bilderbüchern sowie etlicher Kubikmeter pädagogisch wertvollen Holzspielzeugs sind darin noch gar nicht enthalten.

Auch nicht die Betreuungskosten für die Kita, in die unser Sohn ab kommender Woche gehen wird. Oder die für den Schulhort unserer Tochter. Die Kosten für Mäuse, Meerschweinchen und andere Haustiere, die leider schon nach wenigen Wochen ihre Attraktivität verlieren, aber weiterhin von den Eltern versorgt und gefüttert werden wollen, sind ebenfalls noch nicht eingerechnet. Auch nicht die Beiträge für Fußballverein, Klavier- und Gitarrenstunden, Reiterhof, Englisch-AG, Babyschwimmen, Kreativer Tanz, Zumba, Yoga, Shiatsu und Kinder-Pilates; vom Verdienstausfall, den ich als selbständiger Autor gerade durch die zahllosen Stunden erleide, die ich mit der Kinderbetreuung verbringe, ganz zu schweigen.

Klar, wir bekommen Kindergeld – aber das ist, um im Bild von der Wasserfolter zu bleiben, nur ein Tropfen auf die heiße Stirn. Wenn wir das Geld, das wir für unsere Kinder ausgeben und in den kommenden Jahren aufwenden werden, auch noch so schlecht verzinst anlegen würden: Wir könnten uns in achtzehn Jahren eine Wohnung am Kollwitzplatz kaufen, mit großzügig begrünter Dachterrasse, von deren tropenholzverschalter Reling aus wir dann mitleidig lächelnd auf die Eltern herabblicken könnten, die unten auf dem Spielplatz mit ihren krakeelenden Bälgern im Sandkasten sitzen und schwitzen.

Tropf, tropf, tropf.

Hinzu kommt: Es ist vollkommen ungewiss, ob sich die genannten Ausgaben jemals rentieren werden. Damit meine ich keineswegs die finanzielle Seite – ich gehe nicht davon aus, dass unsere Kinder eines fernen Tages das für ihre Ernährung, Ausbildung und sonstige Instandhaltung aufgewandte Geld zurückzahlen werden. Nein: Es ist noch nicht einmal sicher, dass sich diese Ausgaben in irgendeiner Form von Kapital – kulturellem, intellektuellem, emotionalem – niederschlagen werden. Dass unsere Tochter also später einmal dank des großzügig genossenen außerschulischen Unterrichts eine Klaviervirtuosin wird oder eine erfolgreiche Dressurreiterin, die ihre Eltern stolz macht. Dass unser Söhnchen einmal die Fußballerkarriere macht, die seinem Vater mangels Talent (und aufgrund fehlender frühkindlicher Förderung!) verwehrt blieb. Ja, es ist noch nicht einmal sicher, dass unsere Kinder uns all diese Investitionen einmal danken werden; wenn ich an meine eigenen Rabenkindergefühle den

Eltern gegenüber denke, wage ich zu behaupten: sogar höchst unwahrscheinlich. Wozu also das alles? Wofür all diese enormen Ausgaben, deren allfälliger Nutzen doch mehr als unsicher ist? Nun: für nichts und wieder nichts. Zum Glück.

Es zählt zu den sympathischeren Eigenschaften des Menschen, dass er, sobald er Kinder bekommt, die sonst gängige Praxis von Gabe und Gegengabe über Bord wirft. Der Mensch, so lautet ein Allgemeinplatz der Wirtschafts- und Spieltheorie, sei ein *Homo oeconomicus*: ein »Nutzenmaximierer«, der bei seinen Handlungen stets zweckrational den eigenen Gewinn im Auge hat. Keine Ausgabe ohne zu erwartende Einnahme, keine Kostenaufwendung, für die nicht vernünftigerweise ein Ertrag zu veranschlagen wäre. *It's the economy, stupid.*

Dieses Vorstellungsgebäude stürzt angesichts der gleichermaßen irrwitzigen wie irrationalen Ausgaben, die eine Elternschaft mit sich bringt, in sich zusammen wie ein Bauklötzchenhaus unter den Händen eines tobsüchtigen Zweijährigen. Welcher wahrhaft zweckrational denkende Mensch wäre schon so wahnsinnig, ein Kind in die Welt zu setzen? An die Stelle der kapitalistischen Tauschlogik tritt im Fall der Elternschaft das Konzept der »unproduktiven Verausgabung«, wie es der Philosoph Georges Bataille in seinem Buch *Die Aufhebung der Ökonomie* entworfen hat: Dieses Konzept widerspricht »dem ökonomischen Prinzip der ausgeglichenen Zahlungsbilanz (bei dem jede Ausgabe durch eine Einnahme kompensiert wird)« – und schafft dadurch einen ganz eigenen, schwer zu begreifenden und nicht zu beziffernden Wert. Der Verlust führt zur Lust. Die Gabe wird zum Wert an sich, der keiner Erwiderung bedarf. Ja, sie erhält gerade dadurch, dass sie nicht auf Reziprokation abzielt, ihre ekstatische, lebensbejahende Qualität. Anders gesagt: Je mehr wir in dieses süße, maunzende, unvorhersehbare Wesen investieren, das da gerade zwischen uns im Bett herumstrampelt und uns um Geld und Nachtschlaf bringt, desto besser …

Und über diesem tröstlichen Gedanken schlafe ich dann doch endlich ein.

♀ VERANTWORTUNG

Im Alter von sechsundzwanzig Jahren, kurz bevor ich aus der westfälischen Provinz nach Berlin zog, hatte ich eine glasklare Vision von meiner damals sehnsüchtig erwarteten Hauptstadtexistenz. Im Geiste sah ich mich in einer Berliner Altbauwohnung am Schreibtisch sitzen, um mich herum stapelweise Bücher und zu meinen Füßen ein Hund – das einzige Lebewesen, das ich dauerhaft neben mir dulden würde. Was wollte ich mehr? Frei würde ich sein, ungebunden! Ganz so, wie es meine Mutter mir geraten hatte, als ich noch ein Kind war. »Heirate nie!«, beschwor sie mich in einer für sie sehr unglücklichen Lebensphase. »Bleibe unabhängig! Und bekomme am besten auch keine Kinder.« (→ Reue)

♂ *Ein vergleichbarer Rat wurde mir von meinen Eltern nie zuteil. Die Rolle der warnenden Mutter übernahm in meiner Jugend die britische New-Wave-Dichterin Anne Clark, deren musikalisierte Version von Philip Larkins Gedicht »This Be the Verse« mir bis heute nicht aus dem Kopf geht: »Man hands on misery to man. / It deepens like a coastal shelf. / Get out as early as you can, / And don't have any kids yourself. «*

Tatsächlich sah es in den ersten Monaten meines neuen Daseins so aus, als würde meine Vision – oder die meiner Mutter – Wirklichkeit. Ich wohnte in einem Kreuzberger Altbau, tagsüber schrieb ich meine Doktorarbeit, nachts zog ich durch die Clubs und brachte herumstreunende Männer mit nach Hause. Quasi als Hundeersatz.

♂ *Interessant: Die Geschichte unseres Kennenlernens erscheint mir mit einem Mal in vollkommen anderem Licht ... Immerhin scheine ich mich im Lauf der Zeit zu einem vollwertigen menschlichen Subjekt emporgearbeitet zu haben. Die Rolle des Tierchens hat inzwischen unser Sohn übernommen (→ Tiernamen).*

Zeitsprung in die Gegenwart: Ich bin verheiratet, habe zwei Kinder, eine Festanstellung. Ich verfüge kaum noch über freie Zeit. Geblieben von meinem damaligen Traum sind der Altbau und – in hart erarbeiteten, mikroskopisch kleinen Zeitfenstern – das Schreiben an einem eigenen Buch.

Habe ich meine Träume verraten? Bin ich so unglaublich angepasst, dass ich schon gar nicht mehr merke, wie unfrei ich bin? In Søren Kierkegaards

Schrift *Entweder – Oder* findet sich eine andere, zu meinem Glück deutlich wohlwollendere Antwort: Gerade die verbindliche, verantwortungsvolle Existenz, schreibt der dänische Philosoph, sei eine freie Existenz – die unverbindliche hingegen ende in einer Sackgasse.

Das menschliche Dasein begreift Søren Kierkegaard in Stadien. Die erste dieser Daseinsweisen, die er als »ästhetisches Stadium« bezeichnet, ähnelt in auffälliger Weise meiner, um sie mal so zu nennen, Clubphase. Der Ästhet beziehungsweise die Ästhetin, schreibt der Denker, lebt intensiv: Was zählt, ist der Augenblick sowie die »Entschlusskraft der Begierde«. »Ich will genießen«, lässt Kierkegaard die Verführerfigur Johannes in *Entweder – Oder* sagen – doch was Johannes fehlt, ist eine Zukunft. Die Endlosschleife der Lust ist demnach nichts weiter als eine sinnentleerte Wiederholung. Die Gier nach Mehr: reine Verzweiflung. Die Vielfalt der Möglichkeiten stellt für Kierkegaard nicht etwa eine Freiheit dar, sondern gerade die zielsichere Verfehlung derselben: »Die Wahlfreiheit zu steigern, heißt, die Freiheit zu verlieren.«

Für unsere postmodernen Ohren, die gerne die Maximierung von Möglichkeiten mit Freiheit gleichsetzen, mag das paradox klingen. Was Kierkegaard meint, ist aber schlicht dies: Wer frei sein will, muss sich zunächst einmal selbst wählen. Heißt: Wir müssen unsere Geschichte, unser Gewordensein annehmen, Prägungen anerkennen, unser Selbst sehen als etwas, das uns bindet – und das uns so zu einem zweiten Schritt, dem Eintritt in das sogenannte ethische Stadium befähigt. Wer dieses Stadium erreicht, überwindet seinen Egoismus und verleiht seinen Plänen Dauerhaftigkeit, übernimmt Verantwortung. »Wer ästhetisch lebt, sieht (...) überall nur Möglichkeiten, diese machen für ihn den Inhalt des zukünftigen Lebens aus, während derjenige Mensch, der ethisch lebt, überall Aufgaben sieht.« Das Selbst ist kein frei flottierendes Etwas, sondern ein Kompass. Sich selbst zu wählen heißt zu wissen, wofür es sich zu leben lohnt: nämlich für die Verbindungen, die wir eingehen. So verwundert es nicht, dass Kierkegaard ausgerechnet in der Ehe den höchsten Ausdruck der existenziellen Freiheit sah. Die Selbstwahl führt zur Wahl des Anderen. Bestimmt, notwendig und für immer. Bis dass der Tod uns scheidet.

♂ *Amen.*

Kurzum, das scheint mir des Pudels Kern zu sein: Für die echte, wahrhaftige Freiheit müssen wir unsere Optionen beschränken. Diese Beschränkung, so Kierkegaard, ist keine Beschneidung unserer Freiheit, sondern

vielmehr deren Voraussetzung. Der einzige Schön-
heitsfehler an dieser Theorie: Kierkegaard selbst hat
nie geheiratet. Der Hund!

♂ TIERNAMEN

Floh.

Frosch.

Kröte.

Motte.

Maus.

Bärchen.

Äffchen.

Erdmännchen.

Kleiner Löwe.

Monsterchen.

Faultier.

Schnecke.

Wurm.

Die Anzahl an Kosenamen, die wir unserem kleinen Sohn geben, ist schier unerschöpflich – und wie bei vermutlich vielen Eltern stammen die meisten aus dem Tierreich. (Eine gute Freundin erzählte etwa unlängst, sie habe ihren Sohn anfangs »Raupentigerentchen« genannt – eine beeindruckende animalische Dreifaltigkeit, die unsere Kosenamen nie erreicht haben.)

Natürlich ließe sich dieser Umstand recht plausibel metapherntheoretisch erklären: Bei manchen Namen besteht das *tertium comparationis* – also die Gemeinsamkeit zwischen den beiden Vergleichsgrößen Kind und Tier – in der Knuffeligkeit (Bärchen). Bei anderen besteht sie im possierlich-trägen Verhalten (Faultier, Schnecke), bei wieder anderen in der geringen Körpergröße (Floh, Motte, Wurm), und bei manchen in einer bestimmten Körperhaltung: Wenn unser Sohn sich morgens in seinem Bettchen aufrichtet und mit großen Kulleraugen in die Welt starrt, gleicht er eben ganz unverkennbar einem auf den Hinterbeinen sitzenden und aufmerksam nach Fressfeinden Ausschau haltenden Erdmännchen.

Von solchen Erklärungen abgesehen, erscheint es mir aber doch bemerkenswert, dass wir unserem geliebten neuen Familienmitglied – unbewusst und unabgesprochen – den Status als vollwertiger Mensch offenbar (noch) nicht zuerkennen. Dass wir unseren Sohn eher als kleines, unmündiges Tier begreifen denn als zu Vernunft, Voraussicht und Selbsterkenntnis fähiges Wesen. Tatsächlich kann das Verhalten eines Neugeborenen (und das eines Kleinkinds, und das eines Teenagers, und nicht selten auch das eines Erwachsenen ...) seine ihn liebenden Eltern und andere Betroffene ja manchmal an der Qualität der menschlichen Natur zweifeln oder verzweifeln lassen.

Ein Baby ist egoistisch, ja, im besten freudiani-
schen Sinn primär-narzisstisch: Es kennt keine Scham
und keinen Triebaufschub, fordert rücksichtslos Aufmerksamkeit, Kraft und Zuneigung, brüllt hemmungslos, wenn es Hunger hat, durstig oder müde
ist, zahnt, Bauchschmerzen oder schlechte Laune hat –
und manchmal brüllt es auch einfach so, ohne erkennbaren Grund, tritt dabei wütend um sich und schlägt
mit seinen kleinen Klauen, pardon: Händen nach Eltern oder Geschwistern.

Anders gesagt: Wenn man nach einer anschau-
lichen Bestätigung für die These des Philosophen
Thomas Hobbes sucht, der zufolge der Mensch dem
Menschen ein Wolf sei, wird man am schnellsten im
heimischen Kinderzimmer fündig. Oder wie es Freud
in »Das Unbehagen in der Kultur« ausdrückt: »Das
gern verleugnete Stück Wirklichkeit hinter alledem
ist, daß der Mensch nicht ein sanftes, liebebedürfti-
ges Wesen ist, das sich höchstens, wenn angegriffen,
auch zu verteidigen vermag, sondern daß er zu seinen Triebbegabungen auch einen mächtigen Anteil
von Aggressionsneigung rechnen darf. (...) *Homo
homini lupus;* wer hat nach allen Erfahrungen des Lebens und der Geschichte den Mut, diesen Satz zu
bestreiten?«

Und selbst wenn das Kind ein vergleichsweise
friedliches, nur selten zu Aggressionen neigendes Tem-

perament hat, stellt seine Tollpatschig- und Hilflosigkeit doch einen steten Stachel im Fleisch der liebenden Sorgeberechtigten dar – oder, um es ein letztes Mal mit Freud zu sagen: eine »biologische Kränkung«. Mit dieser Formulierung bezeichnete der Psychoanalytiker die schmerzhafte, durch die Erkenntnisse Charles Darwins in die Welt gebrachte Einsicht, dass der Mensch eben nicht ein von der übrigen Tierwelt qualitativ unterschiedenes Wesen (oder gar die »Krone der Schöpfung«) darstellt, sondern dass er bloß ein etwas höher entwickeltes Säugetier ist. Zunächst behaart und hilflos, später auf allen vieren krabbelnd, unbefangen in die Hose kackend, sich ungeniert an die Genitalien packend und dabei unartikulierte Grunz-, Quietsch- oder Klagelaute ausstoßend, erinnert uns das kleine Menschlein beständig an unsere evolutionäre Ahnenreihe.

Ihr wollt autonome, aufgeklärte, vernunftgesteuerte Subjekte sein?, scheint uns das Äffchen von seinem Gitterbett aus zuzuquietschen. Von wegen! Es ist noch gar nicht lange her, da wart ihr genauso tapsige kleine Tierchen wie ich – und ein paar Millionen Jahre zuvor waren die Entwicklungsmöglichkeiten unserer Gattung damit auch schon weitgehend ausgeschöpft. Ein paar passabel auf den Hinterbeinen gehende Trockennasenprimaten mit verkümmerten Eckzähnen seid ihr, sonst nichts ... Und jetzt hört auf,

euch solche albernen ontologischen Gedanken zu machen, und gebt mir was zu essen und zu trinken. Und
dann fahrt mit mir auf Verwandtenbesuch in den Zoo.
Mir ist nämlich langweilig.

♀ VERGESSEN

Dicht, ganz dicht drücke ich mich an das kalte Glas.
Schemenhaft erkenne ich dahinter meine Kinder, gut
gelaunt quetschen sie ihre Nasen an der anderen Seite
der Scheibe platt, winken; F., der neben ihnen sitzt,
packt Gummibärchen aus, wirft mir einen Luftkuss
zu. Für ganze zwei Wochen fährt er mit unserem kleinen Sohn und unserer Tochter in die Ferien.

Der Zug fährt an, für einen kurzen Augenblick die
Sorge, dass die Stimmung bei unserem Jungen im letzten
Moment kippen könnte: Bitte jetzt nicht weinen, Männ-
lein! Vor zwei Stunden hast du noch, wie jeden Morgen,
dicht an mich gekuschelt am Frühstückstisch gesessen,
Daumen nuckelnd, die andere Hand tief im Ausschnitt
meines Bademantels vergraben, jetzt fährst du mit deiner Schwester in diesem riesigen ICE nach Süden.

Ein paar Sekunden später verschwinden die Kinder
aus meinem Blickfeld – und kaum, dass ich aus dem
Bahnhof hinaus ins Freie trete, die frische Luft einatme
und an der Spree entlang zurück Richtung Prenzlauer
Berg spaziere, wie von Zauberhand auch aus meinen
Gedanken.

Es ist also wieder einmal so weit: Ich vergesse meine Kinder. Ja, wenn ich ehrlich bin, passiert mir das jeden Tag. Kaum radle ich zur Arbeit, kaum sitze ich am Schreibtisch, verschwinden die beiden voll und ganz aus meinem Bewusstsein. Wie wegradiert. Aus den Augen, aus dem Sinn.

Natürlich habe ich deshalb latent ein schlechtes Gewissen. Und natürlich rufe ich, wenn ich beruflich verreist bin, jeden Tag mindestens einmal zu Hause an. Aus Sehnsucht? Oder eher aus dem Gefühl heraus, dass ich, wenn ich es nicht machen würde, eine Rabenmutter wäre? Fehlt mir die viel beschworene → Mutterliebe? Habe ich kein Mutterherz?

Folgt man David Hume, ist die Wahrheit sogar um einiges härter: Der Mensch, ob Mann oder Frau, besitzt dem schottischen Empiristen zufolge nicht einmal ein Selbst. Hume war ein Vertreter der sogenannten Bündeltheorie: Mein Bewusstsein ist demzufolge nichts weiter als ein Zusammenspiel meiner Wahrnehmungen. Ein wie auch immer geartetes vorgängiges Selbst gibt es nicht, es existiert lediglich als nachträglicher Effekt: Weil meine Wahrnehmungen durch raum-zeitliche Berührungen, Ähnlichkeit und Kausalität verknüpft sind und ich über Erinnerungen verfüge, entsteht der Eindruck eines in sich kohärenten Ich.

Sehen wir nun der Tatsache ins Auge, dass ich meine Kinder aufgrund meiner Vollzeitstelle (plus etlicher

Überstunden) unter der Woche nicht allzu viel sehe – muss daraus nicht folgen, dass sie dem Perzeptionsbündel, das ich zu sein glaube, nur peripher angehören? Das Knäuel, das ich für mein Selbst halte, besteht schließlich zum größten Teil aus meinen Arbeitskollegen, meinem Bildschirm, meinen Büchern – rein quantitativ gesehen zumindest.

An diesem Punkt wird mir Humes Bündelidee zunehmend suspekt. So findet der Philosoph letztlich keine Antwort auf die Frage, nach welchen Kriterien eine Wahrnehmung in einer bestimmten Form und Intensität ins Perzeptionsbündel aufgenommen wird. Muss es nicht eine psychische Instanz geben, die über die Aufnahme oder Nichtaufnahme entscheidet? Die maßgeblich ist für die Stärke und die Bedeutung eines bestimmten Sinneseindrucks? Denn bei Licht betrachtet ist es doch so: Wenn ich mir nicht sicher wäre, dass ich meine Kinder und F. nach den Ferien wiedersehen werde – ich würde vermutlich unausgesetzt an sie denken.

Womit wir des Rätsels Lösung einen entscheidenden Schritt näher kommen. Für das zeitweilige Vergessen von Kindern, aber auch von Partnern oder anderen essenziellen Lebensbestandteilen (Arbeit, Freunden, etc.) gibt es offensichtlich drei notwendige Voraussetzungen: das Freisein von Verlustangst. Das Wissen um das Wohlbefinden des oder der anderen während deren

Abwesenheit. Und das Vorhandensein von alternativen, ausfüllenden Beschäftigungen.

Gut gelaunt passiere ich das Kanzleramt, neben mir tutet eine mit Touristen gefüllte Fähre. Ich fühle mich leicht. Federleicht. Die Frau mit zwei Kindern, Ehemann und Vierzigstundenwoche, die ich die meiste Zeit bin, ist sehr weit weg. Meine ganze Aufmerksamkeit gilt einzig und allein dem Hier und Jetzt, das mich wohlig umfängt wie ein neues Zuhause. Für diesen Moment bin ich nicht mehr als die Summe meiner Wahrnehmungen. Ob an Humes Bündeltheorie vielleicht doch etwas dran ist?

♀ FREIHEIT

Seit zehn Tagen habe ich Urlaub und bin ohne meine Familie zu Hause. Kein umgekippter Kakao am frühen Morgen. Kein Vollzeitberuf, der mich den ganzen Tag absorbiert. Kein Kind, das mir an den Beinen hängt, sobald ich nach Hause komme, keine vollgepackten Einkaufstüten, die ich in den vierten Stock schleppen muss, stattdessen: Stille und Zeit. Zeit, um zu schreiben, Zeit für Sport, Zeit für Freunde, Zeit für mich ... herrlich! Doch so sehr ich jeden einzelnen Tag, ja, jede einzelne Stunde genieße, erahne ich von Ferne eine Dynamik, die man aus anderen Zusammenhängen nur zu gut kennt: Wenn es zu viel von etwas gibt, ist es plötzlich weniger wertvoll, kann unter Umständen sogar zur Belastung werden.

Ein Mensch, dessen Kleiderschrank birst, wird das Bedürfnis verspüren, mal ordentlich auszumisten. Genauso verhält es sich mit der Freiheit. Ist sie zu ausufernd, schlägt das Gefühl schnell in sein Gegenteil um. Anstatt die Freiheit zu begrüßen, wird sie als Qual empfunden, man fühlt sich regelrecht, um eine berühmte Formulierung Jean-Paul Sartres zu bemühen,

»verurteilt« zur Freiheit. Alles, jeder kleinste Schritt, muss entschieden werden. Gehe ich jetzt joggen oder lieber in die Sauna? Koche ich mir etwas oder gehe ich essen? Bleibe ich heute Abend zu Hause oder treffe ich mich auf ein Bier mit einer Freundin? Nichts, keine vorgegebene Struktur und keine Pflicht, enthebt mich von dieser Wahl, und das ist auf Dauer verdammt anstrengend.

Für Existenzialisten wie Sartre allerdings ist das Verurteiltsein zur Freiheit keineswegs nur ein Urlaubsphänomen. Sie ist unser aller fundamentaler Seinszustand, der sich in der Stille und der Abwesenheit von Alltagspflichten nur umso deutlicher zeigt. Wir sind, schreibt Sartre in seinem Hauptwerk *Das Sein und das Nichts*, von Geburt an »in die Freiheit geworfen«. Kein göttlich verfügtes Schicksal entscheidet über unser Leben, sondern nur wir selbst. Natürlich gibt es Gegebenheiten, die wir nicht zu ändern vermögen, wir sind in einem bestimmten Land mit einem bestimmten Körper zur Welt gekommen, sind das Kind bestimmter Eltern. Doch zu diesen Gegebenheiten können wir uns verhalten. Wir können mit ihnen umgehen, können Optionen, und seien sie auch noch so geringfügig, nutzen oder auslassen, uns für die Welt interessieren oder nicht, uns für Kinder entscheiden oder dagegen, heiraten oder es bleiben lassen. Im normalen Wahnsinn des Alltags spüren wir diese existenzielle Freiheit, dieses »Seinsloch«, wie Sartre es nennt, kaum. Im Alleinsein aber wird die Freiheit als großes, riesiges Nichts fühlbar: Kein Stress, kein Termindruck, kein Kind vermag uns von diesem Nichts abzulenken.

Und doch gibt es Momente, in denen uns die Freiheit, die wir alle in uns tragen und die uns umfängt, geradezu in Ekstase versetzt. Nämlich genau dann, wenn wir Zwänge abstreifen, uns über Verbote oder Erwartungshaltungen hinwegsetzen und uns unsere Freiheit im wahrsten Sinne des Wortes nehmen. Die Überschreitungen müssen nicht groß sein, oft reicht eine minimale Transgression. So wie damals, als unsere Tochter erst ein paar Monate auf der Welt war, ich morgens zum ersten Mal wieder alleine Brötchen holen ging und, anstatt wie es sich für eine junge Mutter mit einem Säugling gehört in aller Hektik einzukaufen und wieder zurückzueilen, mich zehn Minuten lang mit einem Kaffee vor die Bäckerei in die Sonne setzte. Diese zehn Minuten haben ausgereicht, um mein Innerstes auf eine Weise funkeln zu lassen, dass ich diese Begebenheit nie vergessen werde.

Die Bedeutung der Grenzüberschreitung für das Empfinden von Freiheit hat übrigens auch Sartre deutlich gesehen: »Wenn man das Verbot aufhebt, nach der Sperrstunde auf die Straße zu gehen, was kann dann für mich die Freiheit bedeuten (die mir zum Beispiel durch einen Passierschein verliehen wird), nachts umherzulaufen?« Anders und paradox zugespitzt: Ich brauche meine Kinder, um ohne sie das Haus verlassen zu können. Gut, dass meine Familie bald wiederkommt.

♂ MENSCHENFRESSER

Sonntagmorgen. Kaum ist unser Söhnchen aufge-
wacht, schon fällt die ganze Familie – Vater, Mutter,
ältere Schwester – über ihn her. Wir ziehen ihm den
Strampelanzug aus, wir zerren an seinen Ärmchen, wir
schnuppern an den ungewaschenen Zehen und knabbern an den Speckfingerchen wie eine Horde hungri-
ger Menschenfresser.

»Was für ein dicker Sonntagsbraten!«

»Hmmmmmm, feiner Babyschenkel.«

»Lass mich mal an deinem Fuß riechen! Oh, duftet
der gut! Darf ich da reinbeißen?«

»Hamm, hamm, ich fresse deine Hand!«

Der Kleine guckt zunächst noch etwas benommen.
Dann beginnt auch er zu grinsen, zu glucksen und zu
jauchzen. Zum Glück weiß er, dass das Ganze nur ein
Spiel ist; oder zumindest versteht er kein Wort.

Vermutlich kennen fast alle Eltern diesen Impuls:
das eigene Kind vor lauter – im wahrsten Sinne des
Wortes: allesverzehrender – Liebe auffressen zu wollen. Das kleine Klöpschen duftet ja auch so hinrei-
ßend, nach Milch, nach Mutter, nach eigenem Fleisch

und Blut. Zum Anbeißen. So eine Babyextremität passt ganz hervorragend in einen Erwachsenenmund. Und was ist ein zärtlicher Biss in den Babyspeck schon anderes als ein geringfügig erweiterter Kuss, eine etwas intensivere Form der Liebkosung?

Tatsächlich sah Sigmund Freud im Kannibalismus eine frühkindliche Form der Sexualität: »Eine erste (…) prägenitale Sexualorganisation ist die orale oder, wenn wir wollen, kannibalische«, schreibt er. »Die Sexualtätigkeit ist hier von der Nahrungsaufnahme noch nicht gesondert, (…) das Sexualziel besteht in der Einverleibung des Objektes.« In gewisser Weise imitieren wir Erwachsenen also nur das kannibalische Verhalten unseres Sohnes, beziehungsweise lassen uns von ihm zum Regress in die eigene prägenitale Phase verführen.

Dennoch lässt mich der Impuls, einen Happen vom eigenen Kind zu nehmen, immer wieder zurückschrecken. Ich muss dann an das berühmte Gemälde von Francisco de Goya denken, »Saturno devorando a su hijo«, das ich vor vielen Jahren im Madrider Museo del Prado gesehen habe: Es zeigt den Göttervater Saturn, der gerade einen seiner neugeborenen Söhne umklammert hält und ihm mit wildem, wahnsinnigen Blick einen Arm abbeißt, vom Hals ist nur noch ein blutiger Stumpf übrig, den Kopf hat er bereits verschlungen. Aus Angst, von seinen Kindern entmachtet zu werden, fraß Saturn sie, so erzählt es die griechische Mythologie, einfach auf. Habe ich insgeheim womöglich doch Angst um meine väterlichen Pfründe? (→ Gabe) Handelt es sich bei unseren vermeintlichen Zärtlichkeiten in Wahrheit um eine verkappte (und weniger stark tabuisierte) Ersatzhandlung für den Akt der Anthropophagie? Sind wir, wie der französische Anthropologe Claude Lévi-Strauss einmal mutmaßte, insgeheim tatsächlich »alle Kannibalen«?

Wenn ja, dann hängen wir einer Form des magischen Kannibalismus an, bei der es darum geht, sich die Kräfte des anderen – egal ob es sich um einen Feind oder ein Mitglied der eigenen Familie handelt – durch den Verzehr seines Körpers oder einzelner Teile davon symbolisch einzuverleiben. »Diese Muskeln«, lässt Michel de Montaigne in seinem Essai »Über die Menschenfresser« entsprechend einen Kannibalen ausrufen, der gerade einen Verwandten verzehrt, »dieses Fleisch und diese Adern sind die euren (...). Merkt ihr denn nicht, daß noch Saft und Kraft der Glieder eurer Ahnen darin steckt? Laßt sie euch munden, denn so kommt ihr auf den Geschmack eures eignen Fleisches!«

Ich vermute: Wenn wir frühmorgens an unserem Söhnchen zerren, schnuppern, knabbern – dann versuchen wir, auf symbolische Weise jene Energie wiederzugewinnen, die er uns zuvor geraubt hat. Er bringt uns um den Nachtschlaf. Er frisst uns, um im Bilde zu bleiben, die Haare vom Kopf, er saugt S. die Milch aus den Brüsten und die Kraft aus dem Körper: Wir holen uns das alles – freilich auf sozial sanktionierte, sublimierte Weise, mit Küssen und sachte angedeuteten Bissen – zurück. Ein kannibalischer Tauschhandel, ein Geben und Nehmen. Aber es bleibt ja in der Familie.

Nachtisch – pardon: Nachtrag. Obwohl ich diese eher abgründigen Gedanken unserer Tochter gegenüber bislang aus guten Gründen verschwiegen habe und obwohl sie das fragliche Goya-Gemälde meines Wissens nicht kennt, führte sie die Frage des Endokannibalismus unlängst auf eine ganz neue (und bemerkenswert schräge) Ebene. Angesichts der Tatsache, dass ihr Brüderchen bevorzugt Äpfel verspeist, sagte sie unvermittelt: »Er sollte einen Apfel heiraten. Dann kann er seine Kinder aufessen.«

♂ KREISFÖRMIG

Eine Epiphanie, ein auratischer Moment, die Erscheinung einer Ferne, so nah sie sein mag: Ich habe meinen Sohn auf dem Schoß sitzen und betrachte seinen Hinterkopf, seinen zusseligen blonden Haarkranz, die winzige Glatze am Hinterkopf, die vom vielen Liegen auf dem Rücken herrührt, er kann sich noch kaum auf den Bauch oder die Seite drehen. Doch mit einem Mal sehe ich nicht mehr meinen neugeborenen Sohn vor mir, sondern meinen Großvater: den Vater meiner Mutter, der starb, als ich noch ein Baby war, den ich kaum kannte, von dem ich aber viele Fotos gesehen und angeblich viele Eigenschaften geerbt habe und dessen Ölbilder – er war Architekt und Maler – unsere Wohnung schmücken.

Ich sehe seinen Kopf, seinen ergrauten Schopf, seine Glatze – und einen Wimpernschlag später sehe ich auch mich selbst von hinten, meinen eigenen rasierten Schädel, die kläglichen, ebenfalls bereits erheblich ergrauten Keratinüberreste, meine glänzende Pläte ... Ich kann natürlich nur Vermutungen anstellen, da ich nur selten meine Rückseite betrachte, meine aber zu wissen, dass ich von hinten genauso aussehe wie mein Sohn und mein Großvater.

Und während drei Generationen vor meinem geistigen Auge ineinander teleskopiert werden, deckungsgleich werden, verändert sich auch meine Zeitwahrnehmung: Die Linearität der zeitlichen Abläufe ist durchbrochen, hundert Jahre fallen in eins, ja, sie schnurren zusammen zu einer Sekunde, einem Atemzug jenseits der Zeit. Ich sehe meinen Opa als Baby, ich sehe meinen Sohn, wenn er so alt sein wird wie ich, ich sehe mich selbst als Greis, ich sehe auch meinen Sohn ergrauen, bis er das Großvateralter erlangt hat. Einen ewigen Moment lang sind wir eins, das Ticken der Wanduhr verstummt, und ich meine, jenen kryptischen Satz verstanden zu haben, den der römische Kaiser und Philosoph Mark Aurel einmal in Bezug auf die Zeit äußerte: »Wer gesehen hat, was jetzt vorhanden ist, hat alles gesehen, was von jeher war und in alle Ewigkeit sein wird.«

Die Zeit, so scheint Aurel sagen zu wollen, verläuft nicht linear, sondern kreisförmig. Sie schreitet nicht voran (wie wir, die in der jüdisch-christlichen kalendarischen Tradition aufgewachsen sind, gerne glauben), sie bewegt sich schon gar nicht teleologisch auf ein Ziel oder einen idealen geschichtlichen Endzustand hin (wie Geschichtsphilosophen von G. W. F. Hegel bis Francis Fukuyama gedacht haben). Sie dreht sich wie ein Rad. Es gibt nichts Neues unter der Sonne: Die Zahl der Phänomene, Menschen, Moleküle (und ja, auch der Haarkränze) ist begrenzt – irgendwann müssen sie sich notgedrungen wiederholen. (Ich vermute: Wenn man verwandt ist und ergo einen Teil des Genpools sowie der kulturellen und habituellen Prägungen miteinander teilt, geschieht dies eher früher als später). Anders gesagt: Ich erinnere mich nicht nur an meinen Großvater – er ist in diesem Bild, diesem An-, diesem Augenblick im eigentlichen Wortsinn präsent. Genauso wie ich zugleich Baby und alter Mann bin, und mein Sohn Erwachsener und Großvater ist, und irgendwo lugt schon mein ungeborener Enkel um die Ecke ...

Und dann dreht sich mein Sohn zu mir um und lächelt, die Ferne entschwindet, die Uhr beginnt wieder zu ticken, und die Epiphanie ist vorbei.

♂ RHYTHMUS

Als unser Sohn elf Monate war, sagte er zum ersten Mal
»Papa« – dann erst, wenige Tage später, auch »Mama«,
»Dada«, »Wawa« und noch andere einfache Laute
mit A.

♀ *Quatsch, er sagte zuerst »Mama«.*

Egal, eigentlich spielt es keine Rolle, ob S. recht hat
oder ich. Denn zum einen waren diese Laute anfangs
sowieso noch sehr ungerichtet, es war also durchaus
unklar, wer oder ob jemand mit diesen »Begriffen« gemeint war. Und zum anderen freuten wir uns, jenseits
aller persönlichen Eitelkeit und partnerschaftlichen
Übertrumpfungslogik, ohnehin beide unbeschreiblich: Denn mit diesen simplen Ur-Wörtchen war unser
Sohn ins wundersame Reich der symbolischen Kom-
munikation eingetreten. Er war in die Welt der Sprache gekrabbelt.

Linguistisch betrachtet werden Wörter wie »Mama«
und »Papa« durch Reduplikation gebildet, entstehen also durch Wiederholung eines Morphems, *ma*

beziehungsweise *pa*.* Man könnte auch sagen: Indem das Kind diese zwei einfachen Silben wiederholt, kreiert es einen Rhythmus, einen regelmäßigen Zweihalbetakt. Má-má, pá-pá, eins-zwo, eins-zwo. Das Kind beginnt, Musik zu machen. Sprachmusik.

Tatsächlich fiel mir erst in dem Moment, als mein Söhnchen zum ersten Mal Papa sagte, –

♀ *beziehungsweise Mama*

– auf, wie sehr unser Leben seit der Geburt unserer Kinder von Rhythmus und Melodie durchdrungen ist. Zwar spiele ich seit meiner Kindheit ein Instrument, Musik ist aus meinem Leben und Schreiben nicht wegzudenken. Aber erst seitdem ich Vater bin, scheint mir jede noch so kleine Handlung rhythmisiert zu sein: das

---

* In dunklen kryptolinguistischen Momenten beschleicht mich manchmal der Verdacht, dass die Wahl der verwendeten Laute eine frühkindliche Bevorzugung der Mutter nahelegt. Zwar sind sowohl *m* als auch *p* Bilabiallaute, werden also an den Lippen gebildet, jenem Organ, mit dem das Baby bevorzugt Liebkosungen austeilt und erfährt. Allerdings handelt es sich beim *m* um einen stimmhaften Laut, der über längere Zeit gesummt werden kann und somit dauerhafte Bindung nahelegt: *Mmmmmm,* das klingt nach Nuckeln, Stillen, Schmusen. Das *p* hingegen ist ein kurzer, stimmloser Plosivlaut: Das Kind spuckt ihn aus, als wollte es den Vater von sich fortstoßen.

Schaukeln und Schunkeln, wenn das Kind nicht einschlafen kann. Die repetitiven Schlaflieder, Kinderreime, Fingerspiele. Das regelmäßige Klappern des Löffels, wenn ich dem Kind Brei in den Mund schaufele. Die hypnotischen Kreisbewegungen, die ich mit dem Löffel vor seinem Gesicht vollführe, wenn es den Mund nicht öffnen will. Sowie nicht zu vergessen der für Nicht-Eltern vermutlich reichlich hospitalistisch anmutende Tremor der Hände, den man sich angewöhnt, wenn man ständig mit dem Kinderwagen unterwegs ist: Kürzlich ertappte ich mich dabei, wie ich den Einkaufswagen im Supermarkt unbewusst mit kleinen Bewegungen vor- und zurückschob, damit die darin liegenden Milchtüten, Joghurtgläser und Windeln doch bitte ruhig weiterschlafen mögen ...

Dem französischen Philosophen Michel Serres zufolge äußert sich in der frühkindlichen Vorliebe für Wiederholungen, Melodien, Rhythmen ein urmenschliches Bedürfnis nach Ordnung: eine Sehnsucht, Struktur in das verwirrende Tohuwabohu zu bringen, in das man als Kind mit der Geburt geworfen wird. »Unsere neuronale Architektur reagiert auf die geringste Ordnung, die in diesem dornigen, stochastischen Krawall auftaucht«, schreibt der Philosoph. »Wenn das Neugeborene vor sich hin brabbelt, so ist dieses Lallen Ausdruck von Regelmäßigkeiten, die es in dem Chaos, von dem es umgeben ist, ausmachen kann.«

Diese Rhythmisierung und Strukturierung beginnt Serres zufolge allerdings nicht erst mit den frühesten Sprachäußerungen, mit dem zärtlich gelallten *maman* oder *papa*, sondern bereits mit dem ersten wimpern-feinen Schlag, den das Herzchen des Keimlings im Mutterleib tut: Musik ist die Grundlage und Vorbedingung seines Seins. »Herz, Puls, Atmung, Schlaf, Verdauung ... das körperliche Leben flicht nicht nur ununterbrochen Rhythmen, sondern es würde ohne dieses Verbindungsgewebe der Vibrationen auch nicht entstehen oder gar sich halten können.« Ja, dem Philosophen zufolge markiert bereits der Moment der Empfängnis den ersten unhörbaren Paukenschlag, den frühesten musikalischen Moment: »Wenn das Spermium sich mit der Eizelle vereint, löst ihre Begegnung eine Kalziumoszillation aus, und der Rhythmus der davon ausgehenden Welle bestimmt die Zellteilung.« Und geht nicht dieser Oszillation wiederum eine hoch rhythmisierte, von atavistischen Gesängen begleitete Bewegung der Erzeuger voran? (→ Ursprung)

Kinder, so behaupten böse Zungen, brächten Chaos und Unruhe in den vorher so behaglich strukturierten Alltag. Aber wenn man aufmerksam hinhorcht, merkt man: Das Gegenteil ist der Fall. Kinder bringen Ordnung, Rhythmus, Musik in die Welt. Auch wenn Papa und Mama das bei dem Geschrei und Gewusel, das bisweilen herrscht, leicht überhören.

♂ NATUR

»Ma-maaaaaa!«

Der Ruf aus dem Kinderzimmer – halb vorwurfs-
voll, halb klagend – reißt mich binnen Sekunden-
bruchteilen aus dem Tiefschlaf. Ein Blick auf die Uhr:
halb drei. Ich schiele im Halbdunkel zu S. hinüber, die
bestimmt ebenfalls wach geworden ist, sich aber, wie
ich, noch schlafend stellt. Elternmikado: Wer sich zuerst bewegt, hat verloren. Als S. nach fünf Sekunden
immer noch keine Anstalten macht aufzustehen, gebe
ich mir einen Ruck, schiebe die warme Decke beiseite
und tapse in Richtung Kinderzimmer. Obwohl ich
mit dem Ausdruck Mama ja ziemlich sicher nicht gemeint sein kann.

♀ *Ist F. sich da wirklich sicher? Ich kann mich zumindest nicht erinnern, dass ich jemals liegen geblieben wäre,
wenn eines unserer Kinder schreit. Der leiseste Kiekser
drängt sich in die Tiefen meines Schlafs und lässt mich
hochschrecken. F. hingegen schafft es, einfach weiterzu-
schlafen.*

185

Es ist nicht so, dass ich beleidigt wäre, weil mein Sohn grundsätzlich anstatt nach mir nach S. ruft – ich bin eher erstaunt. In den vergangenen sieben Monaten habe vor allem ich mich um ihn gekümmert, S. ging wieder arbeiten, und zwar nicht zu knapp. Ich habe während meiner Elternzeit so ziemlich alles mit unserem Sohn gemacht, was man als Vater tun kann, ohne sich einer Geschlechtsumwandlung zu unterziehen: Ich habe ihn gefüttert, gewickelt, gewiegt und in den Schlaf gesungen, ich war mit ihm beim PEKiP (→ Unsichtbarkeit), beim Kinderarzt und beim Babyschwimmen, ich habe ihn geschätzte tausend Kilometer mit dem Tragetuch durch Berlin getragen, habe gefühlte zehntausend Stunden mit ihm auf Spielplätzen, in Sandkisten und Kindercafés verbracht, und als ich im vergangenen Sommer mit ihm an einem Badesee war und einen Moment lang nicht achtgab, hat er sogar kurz an meiner Brustwarze genuckelt (allerdings ohne Erfolg).

Was ich damit sagen will: Wir haben ein denkbar inniges Verhältnis. Mein Sohn kennt mich so gut, wie man seinen Vater nur kennen kann. Er hätte allen Grund, »Pa-paaaaa!« zu rufen, wenn er nachts wach wird. Macht er aber nicht. Er schreit grundsätzlich nach seiner Mutter –

♀ *Genau das ist es, was ich mit meinen Einwürfen in →* *Abnabeln und →* *Männliche Ohnmacht meine. Ein Mann* *kann noch so anwesend sein, noch so liebevoll und fürsorglich:*

Das ist es nicht, worin sich die väterliche Rolle erschöpft.
Wäre das so, wäre er auf ewig bloß eine defizitäre Mutter.
Nicht, dass ich falsch verstanden werde, ich wünsche mir
einen Vater, der anwesend ist (und brauche ihn als Vollzeit-
festangestellte auch), aber die Frage ist doch: Was hat der
Vater, was die Mutter nicht hat? Wodurch markiert er eine
Differenz?

– und bringt damit en passant eines der wichtigsten,
wirkmächtigsten und mir persönlich liebsten Theorie-
gebäude des späten 20. Jahrhunderts zum Einsturz:
den Poststrukturalismus.

Diese Denkrichtung geht davon aus, dass unser Zugriff auf die Welt stets durch Textmaterial verstellt
ist – ja, dass Menschen, Dinge, Bedeutungen überhaupt erst durch ein frei flottierendes Spiel der Zeichen entstehen: *il n'y a pas de hors-texte*, wie die berühmte, längst zum Schlagwort abgeschliffene Formel
lautet, auf die Jacques Derrida diese Einsicht brachte.
Es gibt nichts außerhalb des Textes, oder auch: Es gibt
keine Realität jenseits der Diskurse – unser Reden,
Sprechen, Denken bringt die Dinge allererst hervor.

Vollkommen plausibel, wie ich stets fand. Und
diese Überzeugung betraf nicht zuletzt meine Auffassung von Gender und Geschlecht. Mit Michel
Foucault und Judith Butler glaubte ich, dass es gerade im Bereich der geschlechtlichen Identitäten keine

prädiskursiven Fakten gibt: dass Mann und Frau also nicht von Natur aus so oder so sind, sondern erst durch die Gesellschaft und ihre Diskurse geformt, ja »gemacht« werden.

Klar: Dass der Mann jeden Tag zwölf Stunden im Büro verbringt und seine Kinder allenfalls am Wochenende sieht (»Mama, wer ist der fremde Mann da am Frühstückstisch?«), während die Frau ihr Glück in der Kindererziehung, beim Sockenstricken sowie bei der Zubereitung des Sonntagsbratens findet, ist ein ideologisches Konstrukt. Aber Philosophinnen wie Butler gehen noch weiter: Ihr zufolge schlägt sich dieses identitätsproduktive Moment nicht nur in Lebensformen nieder, sondern bereits im weiblichen beziehungsweise männlichen beziehungsweise ursprünglich ungegenderten Körper. Erst in dem Moment, in dem die Hebamme ausruft: »Es ist ein Mädchen!«, wird das Neugeborene dazu gemacht. Auch das biologische Geschlecht, so Butler, gibt es nicht an sich, sondern es wird durch performative Akte aufgeführt und hervorgebracht. Anatomie ist kein »Schicksal«, wie Sigmund Freud noch meinte, sondern ein Produkt hegemonialer Diskurse – eine Erfindung der heterosexuellen Matrix.

Und mitten in diesen guten Glauben platzte nun unser erstes Kind. Und dann noch eines. Und mit ihnen die unbequeme Einsicht, dass es womöglich doch biologische Fakten gibt, die vor allen Diskursen liegen. Die zwar unterschiedlich gedeutet, gewertet, ideologisch aufgeladen werden können (man denke an die denkbar konträren Auffassungen über das Stillen), sich aber dennoch durch noch so intensives Diskutieren und Philosophieren nicht grundlegend ändern lassen.

Ich kann mir zum Beispiel als Mann, wie dies in vielen Geburtsvorbereitungskursen praktiziert wird, ein Gewicht um den Bauch schnallen, um am eigenen Leib zu erfahren, wie sich eine Schwangerschaft auf Rücken und Gelenke auswirkt – aber ich werde niemals wissen, wie es sich anfühlt, ein kleines Lebewesen in mir zu tragen. Ich werde niemals Wehen haben, werde nie die Schmerzen der Geburt kennenlernen und auch nicht die Euphorie und selige Erleichterung danach (→ Schmerzen). Ich werde nie eine Wochenbettdepression haben oder eine Entzündung der Brustwarzen oder Milchstau. Ich könnte mir zwar mit erheblichem chirurgischem Aufwand die Brust vergrößern lassen – aber wie es tatsächlich ist, ein Kind zu stillen, wird mir immer fremd bleiben, genau so wie mein Sohn niemals bei mir die körperliche Nähe des Stillvorgangs empfunden hat. Die enge biologische Bindung zwischen Mutter und Kind werde ich nie erfahren –

♀ *Genau! Und gerade deshalb sollte F. sich noch einmal überlegen, ob es nicht doch eines symbolischen Gegengewichts bedarf, um die Unwucht aufzufangen.*

– und vielleicht ist das ja der Grund, weshalb mein Sohn nachts nicht nach mir, sondern nach seiner Mutter ruft.

Ich tappe mit tastenden Schritten durch den Flur und öffne behutsam die Tür zum Kinderschlafzimmer. Unser Söhnchen steht aufrecht in seinem Kinderbett, hält sich am Gestänge fest und schaut mich aus schlaftrunkenen Augen an. Ich greife ihm unter die Achseln, hebe ihn hoch und nehme ihn in den Arm. Er kuschelt sich an meine Schulter und sagt zufrieden: »Ma-maaa!«

♂ TRANSPARENZGESELLSCHAFT

Eine Szene wie aus einer schlechten Komödie: S. und ich streiten uns, wie Eltern von kleinen Kindern es leider häufig tun, übermüdet und überarbeitet und überhaupt. Wir tun das im Kinderschlafzimmer, die Tür ist geschlossen, weil im Wohnzimmer gerade unsere Putzfrau zugange ist, die Tochter ist bereits in der Schule, der Kleine steht in seinem Gitterbett und hört uns interessiert zu. Als wir uns ausgestritten haben, kommt mir im Flur die Putzhilfe entgegen und lächelt wissend, mitleidig – amüsiert? Hm. Als ich im Wohnzimmer ankomme und das grün leuchtende Lämpchen des Babyfon-Empfängers erblicke, wird mir klar, warum: Wir haben am Morgen vergessen, das Gerät auszuschalten, und der dazugehörige Sender steht natürlich im Schlafzimmer. Die Putzfrau musste wider Willen unseren Ehekrach mit anhören; sie war die ganze Zeit auf Empfang.

Wie peinlich!, denke ich, und in meinem hochroten Kopf flattern hektisch Schlagwörter der aktuellen Datenschutz- und Privatsphärendebatte umher: Panoptikum! Post-Privacy! Ich bin ein öffentlicher Mann!

Der Philosoph Byung-Chul Han hat recht, denke ich: Wir leben in einer Transparenzgesellschaft, die keine Arkana mehr kennt, sondern wirklich alles der Öffentlichkeit preisgibt. Nicht mal mehr in Ruhe streiten kann man sich. Nicht mal in seinen eigenen vier Wänden.

Zugegeben: Der Grund für unseren Live-Stream aus dem Kinderschlafzimmer war nicht, wie Han postuliert, in einem totalitär-pornografischen »Transparenzzwang« des kapitalistischen Systems zu suchen (»Ausleuchtung ist Ausbeutung«), sondern schlicht unserer Schusseligkeit geschuldet. Dennoch scheint mir das Babyfon in diesem Moment in einer Reihe mit staatlicher Telefonüberwachung, Facebook-Algorithmen, Data Mining und der allgemeinen digitalen Totalentblößung zu stehen, die für unser Zeitalter kennzeichnend sind.

Am Abend dann die nächste Enthüllung. Unsere Tochter hat eine Grundschulfreundin mit nach Hause gebracht, die beiden sitzen feixend am Esstisch, unser Söhnchen sitzt gebannt da und hört ihnen, wie bereits seinen Eltern beim morgendlichen Ehedisput, mit großen Augen zu. Ermuntert von so viel Aufmerksamkeit, beginnt die Freundin freimütig zu erzählen, wie es bei ihr zu Hause am Abendessenstisch zugehe: Wie lustig ihre Eltern beim Essen schmatzen. Wie viel Wein sie dazu trinken. Wie sie sich nach dem Weintrinken so komisch die Lippen lecken. Wie sie, wenn sie sehr viel Wein getrunken haben, die Füße auf den Tisch legen und rülpsen und pupsen. Und wie sie manchmal später, wenn sie reichlich Wein getrunken, gerülpst und gepupst haben, noch heimlich üben, ein kleines Geschwisterchen zu …

Stopp!, rufe ich, Halt! *Oversharing!* Das könnte nämlich alles auf voyeuristische Weise amüsant sein – wenn, ja wenn ich nicht ahnen würde, dass unsere Tochter, wenn sie bei den Eltern ihrer Freundin zu Gast ist, mit vertraulichen Informationen genauso freimütig umgeht. Dass sie bereit ist, um eines Lachers willen unsere peinlichsten Macken, Marotten und Geheimnisse auszuplaudern, sie ungeschönt und ungefiltert in fremde Wohnungen zu tragen – oder des dramatischen Effekts wegen auch noch drastisch auszuschmücken.

Und mir wird unangenehm bewusst: Das Ende der Privatheit ist nicht erst mit dem Kauf des ersten Smartphones oder der Eröffnung eines Facebook-Kontos oder Twitter-Accounts in unser Leben getreten – es fing, unendlich harmloser und subtiler, mit der Geburt unserer Kinder an. Wir haben uns zwei kleine Überwachungsanlagen aus Fleisch und Blut ins Haus geholt. Zwei leistungsfähige Mensch-Maschinen, Allround-Geräte mit hochauflösenden Kameras, Mikrofonen, Tast-, Geschmacks- und Geruchssensoren, mit etlichen Terabyte Speicherplatz und enormer Reichweite: Empfänger, Speichermedium und Sender in einem. Und das Schlimmste: Man liebt diese kleinen Surveillance-Wesen heißer und inniger als das schönste technische Gadget, streichelt sie lieber als den handschmeichlerischsten Touch-Screen, und nimmt sie daher wirklich überallhin mit. Deshalb können sie auch alles über einen verraten.

Ach, denke ich: Wer Kinder hat, muss wie die Insassen von Jeremy Benthams berühmtem Panoptikum im Bewusstsein seiner ständigen Totalüberwachung leben. Er muss sich ununterbrochen disziplinieren und selbst kontrollieren, darf nichts tun, wovon er nicht auch seinen Nachbarn, Freunden, Friends oder Followern erzählen würde. Und wenn ihm doch ein peinlicher Lapsus unterläuft, tut er gut daran, damit proaktiv an die Öffentlichkeit zu gehen, bevor es ein anderer oder eine andere tut.

Anders gesagt: Wer Kinder hat, kann genauso gut über seine peinlichsten Fehltritte, intimsten Ängste und abgründigsten Gedanken ein Buch schreiben.

♀ OPFER

Sommer in Berlin, ich sitze mit einer alten Freundin vor einer Schöneberger Kneipe. Sie kommt direkt von zu Hause, wo sie mit ihren drei Kindern und ihrem Mann, einem erfolgreichen Rechtsanwalt, lebt, ich komme direkt von der Arbeit, wo ich wieder einmal Überstunden gemacht habe. Dennoch ist meine Laune bestens, denn mir macht meine Arbeit Freude, was ich der Freundin auf Nachfrage auch zu vermitteln versuche, doch ihr Blick bleibt skeptisch. »Puh«, stößt sie hervor, und »Also echt«. Ich nippe fröhlich an meinem Bier, das nach so einem langen Arbeitstag nur umso besser schmeckt, zumal an einem herrlichen Sommerabend wie diesem, und lausche gespannt. »Du siehst deine Kinder wohl gar nicht mehr, oder? Und dein Mann, macht der das alles so mit? Das ist schon ein ganz schön großes Opfer, was du da bringst.«

Da ist es. Das O-Wort, wieder einmal ausgesprochen von einer Frau. In diesem Fall von einer dreifachen Mutter, die ihr knochenhartes Jurastudium exzellent abgeschlossen hat und sich jetzt um den Haushalt und die Kinder kümmert. Wer hier von uns beiden das wahre Opfer sei, ist eine Frage, die mir ganz vorne auf der Zunge liegt, ist es doch ausschließlich sie, die sich während unserer regelmäßigen Treffen beklagt: über ihren abwesenden Mann, ihre verpassten beruflichen Chancen, ihre Kinder, die ihr, wie sie nicht müde wird zu betonen, den letzten Nerv rauben.

Es ist erstaunlich. Wenn ich mit Männern mein Feierabendbier trinke, spricht nie jemand von einem wie auch immer gearteten »Opfer«, das ich angeblich darbringe. Frauen hingegen scheinen an diesem Wort aus irgendeinem Grund zu hängen – als hätten sie nach jahrhundertelangem Patriarchat schlicht noch keine alternative Selbstbeschreibung gefunden. Weiblich sein heißt Opfer sein. Keine Alternative zu haben. Steht die Frau im Berufsleben, ist sie Opfer einer von männlichen Gesetzen regierten Welt. Bleibt sie zu Hause, ist sie ebenfalls Opfer von Männern, von Ehemännern und Partnern, die sie ins Unglück zwingen.

Für die Vermutung, dass Frauen ganz offensichtlich Probleme haben, sich jenseits des Opferstatus zu begreifen, gibt es Belege aus der jüngsten Vergangenheit, die allesamt mit Hashtags, Gewalt und Sex zu tun haben. Um die prominentesten zu nennen: der #Aufschrei nach den als sexistisch gebrandmarkten Bemerkungen des FDP-Politikers Rainer Brüderle gegenüber der Journalistin Laura Himmelreich. Das #TeamGinaLisa, die digitale Solidargemeinschaft des vermeintlichen

Vergewaltigungsopfers Gina-Lisa Lohfink. Und #MeToo als Reaktion auf den Harvey-Weinstein-Skandal; ein Hashtag, unter dem Tausende von Frauen ihre eigenen sexuellen Demütigungen mehr oder weniger minutiös schilderten (oder einfach bloß »Ich auch« sagten).

Auffällig an diesen Beispielen ist vor allem eines: die an Masochismus grenzende Selbstfestschreibung der weiblichen Opferrolle. Natürlich gibt es Situationen, in denen Frauen wirklich keine Chance haben. Und natürlich geht es mir nicht darum, Nötigungen und Vergewaltigungen zu decken, gar zu rechtfertigen. Aber: So hilflos gegen die männliche Macht, wie bisweilen dargestellt wird, ist das angeblich schwache Geschlecht nicht. Liest man die Einträge unter den jeweiligen Hashtags, stellt sich tatsächlich unweigerlich der Eindruck ein, Frauen in der westlichen Welt seien kleine, unschuldige, ungeschützte Häschen, die sich der böse Wolf (Mann) packt, wann immer er kann. Und welche moralische Macht die Frauen aus ihrer Opferrolle ziehen: Sie sind, als Schwache und Unterdrückte, immer auf der richtigen Seite. Das ist, bei Lichte betrachtet, nicht nur eine feige und bequeme, sondern eine überaus perfide Position, die sich durch eine gehörige Portion verdeckter Aggression auszeichnet.

Es ist genau dieser Gedanke, den die Feministin Simone de Beauvoir in ihrem wirkmächtigen Werk *Das andere Geschlecht* aufgreift. Weit davon entfernt, weibliches Verhalten a priori zu verteidigen, nimmt die französische Philosophin das moralische Überlegenheitsgefühl der Frau, die aus dieser Opferposition heraus passiv-aggressiv agiert, kritisch in den Blick. »Daraus erklärt sich die Grausamkeit, zu der die Frau oft fähig ist«, schreibt Beauvoir. »Sie hat ein ›gutes Gewissen‹, weil sie sich auf der Seite der Schwächeren befindet. Sie hält es nicht für nötig, die Privilegierten in irgendeiner Weise zu schonen.« Und weiter: »Die zur Immanenz verurteilte Frau versucht, den Mann in ihr Gefängnis hineinzuziehen. So setzt sie dieses mit der Welt gleich und leidet nicht mehr unter ihrem Gefangensein: die Mutter, die Ehefrau, die Liebende sind Kerkermeisterinnen. Die von Männergesetzen geordnete Gesellschaft erklärt die Frau für minderwertig. Sie kann diese Minderwertigkeit nur aufheben, indem sie die männliche Überlegenheit zerstört. So versucht sie mit allen Mitteln, den Mann zu verstümmeln und zu beherrschen, sie widerspricht ihm, sie negiert seine Wahrheit und seine Werte.«

Diese Worte stammen aus dem Jahr 1949; und auch wenn sie in dieser Drastik nicht mehr zutreffen mögen, sind sie doch eine erhellende Hintergrundstrahlung für jene Art der Konversation, die ich gerade vor der Schöneberger Kneipe führe. Nur in einem Punkt ist die Schrift Beauvoirs nicht mehr aktuell: Frauen, die das unbeschreibliche Glück haben, in der westlichen Welt geboren worden zu sein, sind heute keineswegs »zur Immanenz verurteilt«. Anders als in der unmittelbaren Nachkriegszeit gibt es keine Paragrafen mehr, die Frauen die Berufstätigkeit erschweren oder gar verbieten. Und anders als damals gibt es heute Gleichstellungsgesetze, Kitaplätze, Ganztagsschulen und Elterngeld. Auch die dreifache Mutter, die mir gegenübersitzt, ist in ihr heutiges Dasein nicht hineingezwungen worden. Sie hat ihr Leben gewählt. So wie ich.

♂ BLÜTE

Ein trüber Donnerstagmorgen im November, drei Tage vor Totensonntag. Unser Söhnchen spielt friedlich auf dem Küchenfußboden, ich spüle das Frühstücksgeschirr ab und höre Radio. Es läuft die Morgenandacht, die diensthabende Pfarrerin spricht über das Leben nach dem Tode und zitiert dabei, offenbar in tröstlicher Absicht, aus dem »Sermon von der Bereitung zum Sterben« unseres geschätzten Reformators Dr. Martin Luther.

»(G)leich wie ein Kind aus der kleinen Wohnung seiner Mutter Leib mit Gefahr und Ängsten geboren wird in diesen weiten Himmel und Erden«, predigte der gute Doktor 1519 in Wittenberg: »Also geht der Mensch durch die enge Pforten des Tods aus diesem Leben, und wie wohl der Himmel und die Welt, da wir itzt in leben, groß und weit angesehen wird, so ist es doch alles gegen dem zukunftigem Himmel viel enger und kleiner, dann der Mutter Leib gegen diesem Himmel ist (...). Aber der enge Gang des Tods macht, dass uns dies Leben weit und jenes enge dunkt. Drum muss man (...) im Sterben auch (...) sich der Angst erwägen und wissen, dass darnach ein großer Raum und Freud sein wird.«

Ich bin in Gedanken halb beim Abwasch, halb beim Kind und halb noch im Bett und habe deshalb nur etwa ein Drittel meiner Hirnkapazität frei, um der Predigt zu folgen ... oder sollte ich mich in meiner morgendlichen Müdigkeit womöglich verrechnet haben? Wie auch immer: Erst später, als ich den Text der Predigt noch einmal nachlese, beginne ich zu hinterfragen, was Luther – beziehungsweise die Radiopfarrerin – mir da gerade für ein merkwürdiges Gleichnis erzählt hat: Wir sind also noch gar nicht in der »wirklichen«, erfüllten Welt angekommen, sondern nur Föten in der Warteschlange? Unser irdisches Dasein ist bloß ein weiterer Reifungsprozess und die sichtbare Welt nichts weiter als eine gigantische Gebärmutter? Und der Weg ins Jenseits schließlich – das Sterben, die *ars moriendi*, um die es in Luthers Sermon geht – ist eine Art Geburtskanal, durch den wir dereinst unter Qualen in das Leben nach dem Tod gepresst werden sollen? (Und: Wer ist eigentlich die Mutter?)

Natürlich, die Denkbewegung ist mir als altem Gräzisten und gewesenem Protestanten durchaus vertraut. Das Bild von der irdischen Schein-Welt als Mutterleib gemahnt deutlich an die Höhle aus Platons *Politeia* (in der sich allerdings nicht nur ein einzelner Fötus, sondern gleich eine ganze Horde von Mehrlingen

tummelt und auf die Geburt in die Ideenwelt wartet). Und die Vorstellung, dass man sich das jenseitige
Reich als größtmögliche Steigerungsform, als eine Art
Hyperlativ des irdischen Daseins vorstellen müsse,
dass man von dieser Pracht hienieden aber leider immer nur einen matten Abglanz erhaschen kann, erinnert mich an den großen protestantischen Barocklyri-
ker Barthold Heinrich Brockes: In seinem Gedicht
»Kirschblüte bei der Nacht« preist dieser zunächst die
unvergleichliche Weiß- und Reinheit eines blühenden
Obstbaums – nur um beim unvermittelten Anblick
des gleißenden Sternenlichts einzusehen, dass in der
jenseitigen Welt weitaus hellere und herrlichere Licht-
quellen existieren müssen.

Brockes' »Kirschblüte« zählt zu meinen Lieblings-
gedichten – aber die ihm (wie auch Luthers Predigt)
zugrunde liegende Abwertung des irdischen Lichts und
Lebens ist mir doch zutiefst suspekt; zumal jetzt,
da mir allmorgendlich ein Lächeln entgegenstrahlt,
gegen das auch das schönste Mond- und Sternenlicht
verblassen muss. Außerdem glaube ich – so attraktiv
der Gedanke an das Sterben als »zweite Geburt« auch
sein mag – einfach nicht an ein Leben nach dem Tod.
Die überzeugendste Prognose für das, was im Jenseits auf uns zukommt, stammt meines Erachtens von
Arthur Schopenhauer, der einmal meinte, der Zustand
(oder besser: Nicht-Zustand) nach dem Tod gleiche

jenem vor der Zeugung: »Wenn was uns den Tod so schrecklich erscheinen läßt der Gedanke des Nichtseyns wäre; so müßten wir mit gleichem Schauder der Zeit gedenken, da wir noch nicht waren. Denn es ist unumstößlich gewiß, daß das Nichtseyn nach dem Tode nicht verschieden seyn kann von dem vor der Geburt, folglich auch nicht beklagenswerther.«

Wie Luther begreift der Philosoph also das Geborenwerden und Sterben als kongruente Phänomene: als Pforten oder Tunnel, durch die wir den Raum des irdischen Daseins betreten beziehungsweise verlassen. Aber anders als für den Reformator wartet bei Schopenhauer jenseits dieser Pforten das Nichts. Es gibt nur eine einzige Geburt – und eine unbestimmte Anzahl an Jahren, die uns danach gegeben sind.

Ein sonniger Frühlingstag, einige Monate später. Ich schiebe den Kinderwagen durch den Prenzlauer Berg, die Pappelallee entlang und biege ab auf den hinter einer Backsteinmauer versteckten Friedhofspark. Wie immer freue ich mich über den Zweizeiler, welcher der dortigen Gemeinde als Motto dient: »Schafft hier den Himmel gut und schön / Kein Jenseits ist, kein Aufersteh'n«, steht in großen Buchstaben über dem Eingangstor. Eine Drossel hüpft zwischen den Grabsteinen umher, zieht Würmer aus dem weichen Boden, die Kirschbäume blühen. Am hinteren Ende des

Friedhofs liegt ein Spielplatz mit Sandkiste. Ich hebe das Kind aus dem Wagen, gebe ihm sein Schäufelchen. Es hat keine Augen für Bäume, Blüten oder Himmel und beginnt sofort zu graben.

♂ TRANSPORTMITTEL

Eine besorgniserregende Beobachtung: Seit Kurzem nimmt mein Sohn alles, was Räder unten dran hat, schiebt es auf dem Fußboden hin und her und ahmt dabei mit den Lippen das Geräusch eines Verbrennungsmotors nach: Brummmmm, brummmmm. Wenn wir mit dem Kinderwagen an einer Baustelle vorbeikommen, will er unbedingt, dass ich stehen bleibe, und betrachtet fasziniert die Betonmischer und Laster. Und wenn wir ...

Na und?, werden manche nun einwerfen: Er interessiert sich eben für Autos. Das tun doch alle kleinen Jungs.

Aber nein!, erwidere ich da entrüstet. Erstens halte ich den motorisierten Individualverkehr für eine ökologische, gesellschaftliche und mobilitätspolitische Sackgasse, aus der wir uns schleunigst herausmanövrieren sollten – um allfällige autoerotische Triebe im Keim zu ersticken, sollten wir daher die nächste Generation schon von Babybeinen an zum Spielen mit Fahrrad und Eisenbahn anhalten. Und zweitens: Stammt nicht die Annahme, dass Jungen gerne mit

Matchboxautos spielen, während Mädchen sich lieber mit Pferden beschäftigen, aus der grauen gendertheoretischen Vorzeit? Ist sie nicht längst als Produkt eines heteronormativen Diskurses entlarvt worden?

Andererseits: Mein Söhnchen spielt eben tatsächlich gerne mit Autos, während seine Schwester sich seit jeher lieber mit Pferden beschäftigt. S. und ich haben solche Tendenzen keinesfalls gefördert – warum also verhalten sich unsere Kinder, zumindest in ihrem Verhältnis zu Fortbewegungsmitteln, so klischeehaft genderkonform?

Eine Antwort könnte der französische Philosoph und »Dromologe« (das bedeutet so viel wie: Theoretiker der Fortbewegungsweisen) Paul Virilio bieten. In seinem Aufsatz »Metempsychose des Passagiers« schreibt er, der Mann sei bei seiner Geburt »der Passagier der Frau«, da sie ihn in ihrem Leib auf die Welt befördert habe. In diesem Sinne sei die Mutter »das erste Transportmittel der Gattung, ihr erstes Fahrzeug«. Das mag arg technisch klingen, ist als Gedanke aber verführerisch – schließlich ist die gesamte Rede von Schwangerschaft und Geburt durchdrungen von Metaphern des Transports und der Warenzustellung: Das Kind wird von der Mutter »empfangen«, »ausgetragen« und schließlich »zur Welt gebracht«. Wie ein Paket wird es aus dem Warenlager der Möglichkeiten in die Aktualität befördert. Das altbekannte Ammenmärchen vom Storch, der die Kinder bringt, verlagert dieses Bild nur in die Sphäre der Luftpost.

Denkt man Virilios Metapher weiter, so ist klar, dass »Weibchen« demnach einen vollkommen anderen dromologischen Status haben als ihre Artgenossen mit Y-Chromosom: Sie werden zwar wie die Männchen als Passagiere geboren – sie können aber, im Gegensatz zu diesen, mit Einsetzen der Geschlechtsreife selbst zu Transportmitteln werden. Während Männer ihr Leben lang auf die Rolle des Passagiers beschränkt bleiben, sind Frauen potenzielle Fahrzeuge. Ihre Identität ist mobil, während die des Mannes auf der Stelle tritt. Der Unterschied zwischen Männern und Frauen, so könnte man sagen, ist der zwischen Auto-Fahren und Auto-Sein.*

Vielleicht, so meine Theorie, hat mein Sohn diese unbequeme Wahrheit schon im zarten Alter von einem Jahr erahnt. Vielleicht rührt der ganze machistisch

---

* Tatsächlich nehmen Frauen und Autos – trotz aller offensichtlichen phänomenologischen Unterschiede – in der Wahrnehmung vieler Männer eine analoge Stellung ein: als Statussymbol, als schmückendes Beiwerk, als sexy Objekt der Begierde. Belege dafür liefert jeder Pirelli-Kalender und jede Softpornoszene, in der ein Benzinzapfhahn lasziv in den Tank eines Autos eingeführt wird. Auch bei der Formel 1 wird man natürlich fündig: Der Fahrer Sebastian Vettel etwa gibt seinen Fahrzeugen gern Frauennamen wie »Hungry Heidi«, »Kinky Kylie« oder »Randy Mandy«.

kodierte Automobilkult unserer Gesellschaft daher, dass Männer nie die Kränkung überwunden haben, dass sie immer nur fahren, aber niemals selbst Fahrzeug sein können. Vielleicht äußert sich in der männlichen Auto-fixiertheit aber auch eine Sehnsucht nach der Rück-kehr zu jenem ersten Transportmittel, in dem wir alle neun Monate lang durch die Welt kutschiert wurden und in das wir nie wieder einsteigen dürfen: das Mama-mobil. Der Inzest, so Virilio, sei ein Teufelskreis »oder vielmehr ein(e) Teufelsreise«, eine böse, tabuisierte Fahrt zurück zum Ursprung. Möglicherweise spricht aus der Autobegeisterung junger (wie auch nicht mehr ganz so junger) Männer also nur ein schlecht subli-mierter Ödipus-Komplex.

Brummmmmm, brummmmmm.

♂ ZUFALL

Wir schreiben das Jahr 2050. Wenn die Tabelle des Statistischen Bundesamts zur Lebenserwartung von Männern recht hat, bin ich gerade gestorben. S. hat vermutlich noch einige glückliche und gesunde Jahre im Witwenstand vor sich, unsere Kinder sind in den besten Jahren, haben hoffentlich Beruf, Familie und daher Besseres zu tun – müssen sich aber leider in absehbarer Zeit um die Endlagerung unserer Bibliothek kümmern.

Ein federleichtes Leseendgerät mit Zugang zum gesamten jemals publizierten Weltwissen in der Tasche, werden sie kopfschüttelnd die von uns hinterlassenen Tonnen vergilbten Papiers abschreiten und sich fragen, warum man früher für jedes Werk eine individuelle pfundschwere Verpackung aus Kohlenstoff brauchte – und werden vielleicht zufällig, stirnrunzelnd, an einem Buch stehen bleiben, dessen Titel die Kinder liebender Eltern schon zum Stehenbleiben und Stirnrunzeln bringen kann: *Vom Nachteil, geboren zu sein,* steht da in schwarzer Serifenschrift auf moosgrünem Grund.

#wtf?, werden sie denken oder was immer man im Jahr 2050 denkt, wenn man sich über einen Sachverhalt wundert: Wann und warum haben unsere Eltern denn so einen Titel angeschafft? Sie werden das Buch aus dem Regal ziehen, es wird sich an einer zerlesenen Stelle fast von selbst aufschlagen, und ein Aphorismus wird ihnen ins Auge springen, den ich vor langer Zeit angestrichen habe: »Ich weiß, daß meine Geburt ein Zufall, ein lachhaftes Akzidens ist, und dennoch: sobald ich mich gehen lasse, führe ich mich auf, als wäre sie ein Ereignis erster Ordnung, unentbehrlich für den Fortgang und das Gleichgewicht der Welt.«

Die Spannung, die der rumänische Nihilist E.M. Cioran hier aufmacht, ist vermutlich jedem denkenden Menschen bekannt: Natürlich sind wir uns der unbequemen Wahrheit bewusst, dass unsere Geburt wie auch das darauf folgende Leben objektiv betrachtet vollkommen unerheblich sind – dennoch kommen wir nicht umhin, dem eigenen Dasein Bedeutung zuzumessen, da wir nun einmal der kognitive Mittelpunkt unseres Universums sind: Unsere subjektive Wahrnehmung, unser Denken konstituiert unseren Kosmos. Wenn wir sterben, erlischt diese Welt (→ Zeit).

Und derselbe nüchterne Befund gilt natürlich für die eigenen Kinder. Auch sie sind im wahrsten Sinne des Wortes ein Zufall, ein *accidens* – etwas, das einem »zufällt«. Im Jahr 2050 mag sich die Lage durch Entwicklungen in der pränatalen Diagnostik und Gentechnik geändert haben – bislang sind das Aussehen, der Charakter, die Marotten, Schwächen, Stärken eines neuen Menschleins noch weitgehend kontingent. Ich hatte vor der Geburt unseres ersten Kindes keinerlei Vorstellung, was für ein Wesen da auf uns zukommen würde – aber in dem Moment, als es dann auf der Welt war, schien es undenkbar, dass das kleine quäkende Etwas je hätte anders (oder gar besser) geraten können. Es war genau so, wie es war, perfekt, »ein Ereignis erster Ordnung«, unentbehrlich für den Fortgang der – oder zumindest meiner – Welt ... und das, obwohl mir doch klar war, dass es in seiner vorliegenden Form ein reines Zufallsprodukt war und dem größten Teil des Universums (mit Ausnahme der Großeltern und einiger anderer Verwandter und Freunde) komplett egal. Wie kann man mit diesem Paradox umgehen? Wie lässt sich diese Spannung aushalten?

Der einzige Weg besteht meines Erachtens in einem psychischen Selbsttäuschungsmanöver, das der englische Dichter Samuel Taylor Coleridge als *willing suspension of disbelief* bezeichnet hat: als »willentliche Aussetzung der Ungläubigkeit«. Coleridge bezog sich eigentlich auf literarische Werke: Warum, so fragte er sich, lassen wir uns von einem Roman oder Theaterstück gefangen nehmen, wenn wir doch wissen, dass es sich dabei nur um ein Werk der Fiktion handelt? Nun:

Eben weil wir uns für die Zeit der Lektüre oder des Theaterbesuchs gestatten, unsere Ungläubigkeit vorübergehend auf Eis zu legen. Weil wir dem künstlerischen Werk für die Dauer der ästhetischen Erfahrung eine Bedeutung zumessen, die es objektiv besehen nicht hat.

Ähnlich lässt sich meines Erachtens auch das eigene Leben sowie das der Kinder nur als Werk der Fiktion begreifen: Man muss immer wieder in einem ungeheuren Willensakt das Bewusstsein der Zufälligkeit des Daseins verdrängen und seine Frau (beziehungsweise seinen Mann) und seine Kinder zu den Protagonisten des wichtigsten und schönsten Familienromans erheben, der je geschrieben wurde. Auch wenn man ahnt, dass zur selben Zeit Milliarden anderer, ganz ähnlicher Romane verfasst werden, die vollkommen andere Figuren zum Zentrum haben.

Vielleicht werden meine Kinder das verstehen, wenn ihnen im Jahr 2050 die alte Cioran-Ausgabe in die Hände fällt. Vielleicht auch nicht, vielleicht habe ich bis dahin das fragliche Buch verliehen und nie zurückbekommen. Vielleicht hat ein Bücherwurm die fragliche Stelle gefressen, vielleicht ist unser Haus mitsamt der Bibliothek abgebrannt, wer weiß, bis dahin kann alles Mögliche passiert sein.

Es liegt ja noch alles in der Zukunft.

♀ AUFHÖREN

Ein blauer Body, Größe 52. Beide Kinder haben ihn getragen, so wie die kleinen grünen Gummistiefel und den Schlafsack mit Westfalenmuster, den ich zusammengerollt in der hinteren Ecke des Schranks entdecke. Jetzt habe ich Urlaub und Zeit, ihn aufzuräumen, ich sortiere, mache Häufchen: Hier die Sachen, die ich aufbewahren will, sei es aus Nostalgie oder weil sie von unserer großen Tochter stammen und vom Kleinen noch getragen werden können. Dort die Sachen, die ich nicht mehr aufbewahren beziehungsweise loswerden möchte.

Obwohl, diese kleine rote Hose? Hat die nicht unsere Tochter getragen, damals, mit eineinhalb, als wir in New York waren? Und hier, das blau-weiß gestreifte Hemdchen, auf dem man noch Reste von der Tomatensoße sieht, ich weiß noch genau, wie das passiert ist, letzten Sommer in der Bretagne, als unser Sohn beim Muschelessen diesen legendären Tobsuchtsanfall bekam. Also doch behalten. Und überhaupt, all die schönen Sachen. Was, wenn wir doch noch …? Noch einmal schwanger sein, noch einmal die ersten zarten

Bewegungen spüren, noch einmal so ein kleines Würmchen (→ Tiernamen) im Arm halten, noch einmal die verzauberte Zeit des Anfangs.

Wie so oft fallen mir all die befreundeten Paare mit drei oder vier Kindern ein, auch ich bin mit zwei Schwestern aufgewachsen. Klar haben wir uns gestritten, genau genommen gab es regelrechte Schlägereien, aber Versteckspielen kann man trotzdem besser zu dritt – und zack, schon räume ich im Geiste die Wohnung um, sodass drei Kinder darin Platz hätten, stelle ins hintere große Zimmer ein Stockbett, überlege, ob unsere Babysitterin wohl auch an drei Tagen in der Woche kommen könnte, oder wie wäre es mit einem Au-pair?

Verlockende Gedanken sind das, die, ich kenne das schon, kein Ende finden, sich lustvoll immer weiterschrauben ... bis sie bei Ursula von der Leyen landen. Von der Leyen ist für meine Gedanken das ultimative Stoppschild. Bis hierher und nicht weiter. Schluss, aus, Ende, Schicht im Schacht.

Ursula von der Leyen hat sieben Kinder, geboren zwischen 1987 und '99, sie ist promovierte Ärztin und Spitzenpolitikerin. Natürlich will ich hier nicht die CDU-Politikerin und ihr Leben verurteilen, ich kenne sie nicht persönlich. Vielmehr ist die ehrgeizige Frau für mich eine Art übersteigertes, imaginäres Alter Ego, das mir gnadenlos die Abgründe meines eigenen

Begehrens vorhält. Warum, fragt mich mein Ursula-Ich, willst du ein drittes Kind? Geht es dir wirklich um dieses kleine Lebewesen – oder willst du nur dir und allen anderen beweisen, was für eine Hammertype du bist? Philosophin, Chefredakteurin, Buchautorin, Ehefrau und, Welt knie nieder, Dreifachmutter? Setz doch einfach mal einen Schlusspunkt!

»Das Leistungssubjekt«, schreibt Byung-Chul Han, »ist unfähig zum Schluss. Es zerbricht unter dem Zwang, immer mehr Leistungen hervorbringen zu müssen.« Für Han ist das Schließenkönnen die notwendige Voraussetzung für Sinn. Nur das In-sich-Geschlossene habe eine narrative Struktur, einen Rhythmus, einen Takt. Nur was abgeschlossen ist, »ruht in sich und genügt sich selbst«. Das fundamentale Problem unserer Zeit liege darin, so Han, dass wir die Fähigkeit des Schließens verloren haben. Wir finden kein Ende mehr, können abends die Augen nicht zumachen, »die Zeit stürzt fort, weil sie nirgends zum Schluss und zum Abschluss kommt«. Alles könnte immer noch besser, ganz anders, viel schöner sein. Was aber, wenn wir diesem Konjunktiv und dem ihm innewohnenden Versprechen ein »So, wie es ist, ist es wunderbar« entgegensetzen würden? Träte an die Stelle des Optimierungszwangs nicht womöglich Zufriedenheit – ein Zustand, der in Zeiten kapitalistischen Innovationswahns fast einen subversiven Zug gewinnt?

Ich betrachte mein Werk: Fertig. Passende Kinderkleidung liegt fein gestapelt in dem nunmehr entrümpelten Schrank. Was jetzt? Tee trinken, Zeitung lesen, ganz in Ruhe, wie früher, bevor wir Kinder hatten (→ Anfangen). Vielleicht eine Runde Joggen. Andererseits müsste noch dringend der Hängeboden aufgeräumt werden, damit Platz für die Kisten mit den aussortierten Babysachen ist, die wir ja vielleicht doch eines Tages …

Das mache ich noch schnell. Aber dann ist wirklich Schluss.

VERWENDETE UND ZITIERTE LITERATUR

Adorno, Theodor W.: »Notiz über Namen«. In: *Gesammelte Schriften*. 20 Bände. Frankfurt am Main 1986: 20/II, 533–534.

Arendt, Hannah: »Verstehen und Politik«. In: *Zwischen Vergangenheit und Zukunft. Übungen im politischen Denken I*. München und Zürich 1994: 110–127.

Dies.: *Vita activa oder Vom tätigen Leben*. München 2007.

Bachtin, Michail: *Rabelais und seine Welt. Volkskultur als Gegenkultur*. Frankfurt am Main 1987.

Badinter, Élisabeth: *Die Mutterliebe. Geschichte eines Gefühls vom 17. Jahrhundert bis heute*. München 1981.

Badiou, Alain: *Das Sein und das Ereignis*. Berlin 2005.

Barthes, Roland: *Fragmente einer Sprache der Liebe*. Frankfurt am Main 1984.

Bataille, Georges: *Die Aufhebung der Ökonomie*. München 1985.

Beauvoir, Simone de: *Das andere Geschlecht. Sitte und Sexus der Frau*. Reinbek bei Hamburg 1992.

Beckett, Samuel: *Molloy*. Frankfurt am Main 2001.

Blumenberg, Hans: *Höhlenausgänge*. Frankfurt am Main 1989.

Ders.: *Lebenszeit und Weltzeit*. Frankfurt am Main 1986.

Brockes, Barthold Heinrich: »Kirschblüte bei Nacht«. In: Karl Otto Conrady: *Das große deutsche Gedichtbuch von den Anfängen bis zur Gegenwart*. Düsseldorf und Zürich 2000: 209.

Bronfen, Elisabeth: *Das verknotete Subjekt. Hysterie in der Moderne*. Berlin 1998.

Cioran, E. M.: *Vom Nachteil, geboren zu sein*. Frankfurt am Main 1979.

Demmerling, Christoph, und Hilge Landweer: *Philosophie der Gefühle. Von Achtung bis Zorn*. Stuttgart und Weimar 2007.

Derrida, Jacques: *Grammatologie*. Frankfurt am Main 1983.

Descartes, René: *Über die Leidenschaften der Seele*. In: *Philosophische Werke*. 4 Bände. Leipzig 1911: IV.

Di Blasi, Luca: *Der weiße Mann. Ein Anti-Manifest*. Bielefeld 2013.

Diderot, Denis: *Die geschwätzigen Kleinode*. Berlin 1978.

Donath, Orna: *Regretting Motherhood. Wenn Mütter bereuen*. München 2016.

Freud, Sigmund: »Das Unbehagen in der Kultur«. In: *Studienausgabe*. 10 Bände. Frankfurt am Main 2000: IX, 191–270.

Ders.: »Die Weiblichkeit«. In: A. a. O.: I, 544–565.

Ders.: »Drei Abhandlungen zur Sexualtheorie«. In: A. a. O.: V, 37–145.

Ders.: »Über infantile Sexualtheorien«. In: A. a. O.: V, 169–184.

Han, Byung-Chul: *Agonie des Eros*. Berlin 2016.

Ders.: *Transparenzgesellschaft*. Berlin 2012.

Heidegger, Martin: *Sein und Zeit*. Tübingen 2001.

Kant, Immanuel: *Die Metaphysik der Sitten*. In: *Werke in sechs Bänden*. Wiesbaden 1956: IV, 303–634.

Kierkegaard, Søren: *Entweder – Oder*. München 2005.

Ders.: *Die Wiederholung*. Reinbek bei Hamburg 1961.

Koschorke, Albrecht: *Körperströme und Schriftverkehr. Mediologie des 18. Jahrhunderts*. München 1999.

Koselleck, Reinhart: *Begriffsgeschichten. Studien zur Semantik und Pragmatik der politischen und sozialen Sprache*. Frankfurt am Main 2006.

Lévinas, Emmanuel: *Totalität und Unendlichkeit. Versuch über die Exteriorität*. Freiburg und München 1987.

Luther, Martin: »Ein Sermon von der Bereitung zum Sterben«. In: *Schriften*. 4 Bände. Berlin 2014: II, 9–24.

Lütkehaus, Ludger: *Natalität. Philosophie der Geburt.* Kusterdingen 2006.

Marc Aurel: *Selbstbetrachtungen.* Frankfurt am Main und Leipzig 2003.

Menninghaus, Winfried: *Ekel. Theorie und Geschichte einer starken Empfindung.* Frankfurt am Main 1999.

Montaigne, Michel de: »Über die Gesprächs- und Diskussionskunst«. In: *Essais.* Frankfurt am Main 1998: 462–475.

Ders.: »Über die Menschenfresser«. In: a. a. O.: 109–115.

Nietzsche, Friedrich: *Also sprach Zarathustra.* In: *Kritische Studienausgabe.* 15 Bände. München 1999: IV.

Ders.: *Morgenröthe: Gedanken über die moralischen Vorurteile.* In: A. a. O.: III, 9–331.

Ders.: *Zur Genealogie der Moral.* In: a. a. O: V: 245–412.

Platon: *Gastmahl.* In: *Sämtliche Dialoge.* 7 Bände. Hamburg 1988: III.

Ders.: *Theätet.* In: a. a. O.: IV.

Safranski, Rüdiger: *Zeit. Was sie mit uns macht und was wir aus ihr machen.* München 2015.

Sarasin, Philipp, et al.: *Bakteriologie und Moderne. Studien zur Biopolitik des Unsichtbaren 1870–1920.* Frankfurt am Main 2007.

Sartre, Jean-Paul: *Das Sein und das Nichts. Versuch einer phänomenologischen Ontologie.* Reinbek bei Hamburg 1993.

Schopenhauer, Arthur: *Die Welt als Wille und Vorstellung.* In: *Zürcher Ausgabe. Werke in zehn Bänden.* Zürich 2017: I-IV.

Ders.: *Über die Grundlage der Moral.* In: a. a. O.: VI.

Sennett, Richard: *Der flexible Mensch.* Berlin 1998.

Serres, Michel: *Musik.* Berlin 2015.

Sloterdijk, Peter: *Sphären. Plurale Sphärologie.* 3 Bände. Frankfurt am Main 2004: III.

Ders.: *Zur Welt kommen – Zur Sprache kommen. Frankfurter Vorlesungen.* Frankfurt am Main 1988.

Sterne, Laurence: *Empfindsame Reise durch Frankreich und Italien / Das Tagebuch für Eliza.* Leipzig 1978.

Ders.: *Tristram Shandy's Leben und Meinungen.* Berlin 1856.

Tönnies, Ferdinand: *Gemeinschaft und Gesellschaft. Grundbegriffe der reinen Soziologie.* Darmstadt 1979.

Virilio, Paul: »Metempsychose des Passagiers«. In: *Der negative Horizont. Bewegung – Geschwindigkeit – Beschleunigung.* München und Wien 1989: 29–45.

Wallace, David Foster: »The Suffering Channel«. In: *Oblivion.* New York und Boston 2004: 238–329 (Übersetz. FW).

Florian Werner

Die Weisheit der Trottellumme

Was wir von Tieren lernen können

ISBN 978-3-89667-619-1

Können Ohrenquallen uns den Aufbau des Universums erklären? Was wissen Trottellummen über Kierkegaards Sprung in den Glauben? Bringt uns das Känguru Jean-Jacques Rousseau näher? Und besteht die Tapferkeit der Löwenmännchen womöglich darin, dass sie so viel schlafen?

In einunddreißig so lehrreichen wie komischen philosophischen Betrachtungen geht Florian Werner der Frage nach, was wir von Tieren lernen können. Die erstaunliche Erkenntnis: Schaf, Kamel und Axolotl wissen weitaus mehr über Fragen der Moral, der Gesellschaft, der Politik und des guten Lebens, als wir uns träumen lassen. Wenn wir die Menschen verstehen wollen, müssen wir die Tiere fragen.

Blessing